공동체가 새로워지는
회복적 생활교육을 만나다

**공동체가 새로워지는
회복적 생활교육을 만나다**

2014년 12월 22일 1판   1쇄
2023년 11월 30일 1판 20쇄

지은이 · 박숙영
펴낸이 · 한성준 현승호
편   집 · 이은주
펴낸곳 · 좋은교사운동 출판부

등   록 · 제 2000-34호
주   소 · 서울특별시 관악구 남부순환로 218길 36, 4층
전   화 · 02-876-4078
팩   스 · 02-879-2496
홈페이지 · www.goodteacher.org
이메일 · admin@goodteacher.org
디자인 · 디자인집 02-521-1474

ISBN 978-89-91617-20-9   03370
값 11,000원

공동체가 새로워지는

회복적
생활교육을
만나다

박숙영 지음

좋은교사

'회복의 교육'을 통한
'교육의 회복'을 꿈꾸며...

저는 '회복'이라는 단어를 좋아합니다. 최근 교육계에서 많이 이야기하는 창의성, 새로움, 혁신 등은 저에게 무언가 없는 것을 만들어야 한다는 부담으로 다가오는데, '회복'은 우리가 꿈꾸는 좋은 상태가 이미 존재했다고 전제하기에 원래 있던 것을 기억하고 되찾으면 된다는 안도감이 들기 때문입니다. 새롭게 만든다는 부담 없이 그것은 충분한 시간을 가져야 가능한 것으로 제게 다가와서 단기간에 교육 개혁을 이루어야 한다며 잔뜩 힘주고 긴장하던 저를 조금은 여유롭게 합니다.

지금의 교육 문제를 풀기 위해서는 교육이 원래 지닌 본질과 그 소중한 가치를 다시 찾는 것, 곧 '회복'이 필요하다는 생각을 하게 됩니다. 그리하여 교육의 가치가 정말 무엇인지를 고민하게 되지요. 지금까지는 이러한 성찰적 질문 없이 무분별하게 '새로운 것'이라는 이름으로 많은 정책들이 우리에게 주입되었는데, 그러다 보니 우리 교육을 본질에서 더 멀어지게 했고, 교사와 아이들을 더 고통스럽게 한 게 아닐까 싶습니다.

그런 의미에서 《회복적 생활교육을 만나다》 이 책이 반가운 이유는 우리가 잃어버린 중요한 가치들을 이야기하기 때문입니다. 학교, 교사, 아이들 모두가 점점 치열해지는 경쟁 사회 흐름에 휩쓸리다 보니 사회와 학교에서 경험해야 할 중요한 교육적 가치 하나를 잃어버렸습니다. 바로 '관계'입니다. 학교가 교과 중심으로 운영되고 교육이 개인의 이익과 이를 위한 시험 대비로 의미가 축소되고 왜곡되면서 우리 교육에 학습의 과잉과 관계 맺기의 결핍이라는 불균형이 발생하였습니다. 이러한 불균형이 결국 우리 아이들을 병들게 했다고 봅니다. 아이들은 어릴 때부터 오직 공부만 강요받으면서 다른 사람과 소통하고 관계를 맺고 갈등을 해결하는 경험을 하지 못한 채 성장하여 다른 사람과 더불어 살아가는 영역에서 심각한 결손이 생겼고, 이로 인해 학교 폭력, 왕따 등의 사회 문제가 발생하고 있습니다. 더 심각한 것은 이 부분을 교육해야 할 교사들도 관계 맺기, 갈등 해결, 대화하는 법 등을 배우지 못한 채 교과 지식 위주로 공부하여 시험을 통해 치열한 경쟁을 뚫고 교사가 된 까닭에, 관계 결핍으로 인한 아이들의 어려움을 바라만 볼 뿐 어쩔 줄 몰라 하고 감당하지 못해 힘들어 하고 있다는 것입니다.

'회복적 생활교육'은 이러한 불균형 상황에서 교육의 본질을 회복하려는 하나의 시도입니다. 다른 사람과 관계를 맺고 갈등을 어떻게 다룰 것인가를 경험하는 것을 교육의 중요한 가치로 회복하려는 것입니다. 즉 갈등이 발생했을 때 처벌과 단절이 아니라 연결과 배움으로 관계를 회복하려는 전통이 있음을 찾아내어 학교에서 '생활지도'라는 것으로 축소되어 무시돼 왔던 영역을 이제 '생활교육'이라는 이름으로 그의 원래 자리를 찾아주려 합니다.

이 책이 더 감사한 것은 우리가 잃어버린 관계 맺는 법, 공동체에서 함께 갈등을 해결하는 법에 대해 추상적인 이론만이 아니라 생생한 현장 이야기와 경험을 통해 친절하게 그 감수성을 되찾는 방법도 알려주고 있습니다. 진정한 배움이 일어나기 위해 학급과 학교 안에 어떻게 안전한 공간을 만들 것인지, 학급에서 갈등이 발생했을 때에는 어떻게 풀어갈 수 있는지에 대한 새로운 방식을 제안하여 일방적 지시에 익숙한 교사에게 힘이란 것이 공유되기를 제안합니다.

천천히 이 책을 따라가다 보면 어느 순간 글쓴이의 고민에 공감하게 될 거라 생각합니다. 우리가 아이들과 평화로운 관계를 회복하기 위해 무엇을 도울 수 있을지를 자연스럽게 배우게 되고, 스스로도 주위 사람들과 평화로운 관계 맺기를 경험할 수 있게 되는 뜻밖의 행복도 맛보게 될 것입니다. 오랜 시간 잃어버리고 살아 온 방식이라 본질을 찾아가는 과정 중에는 명현 현상과 같은 거부감과 어려움도 있을지 모릅니다. 하지만 그 과정 끝에 우리는 아이들과 함께 공동체를 만들어 가는 기쁨과 교사로서 성장하는 경험을 하게 될 거라 믿습니다.

'회복의 교육'을 통해 '교육의 회복'을 꿈꾸는 이 공간에 여러분을 초대합니다.

좋은교사운동 공동대표

임 종 화

교사가 진정 원하는 것

마음속에서 풀리지 않는 모든 물음들에 대해 인내하라.
물음 그 자체를 사랑하라. 이제 그 물음 속에 살라.
그러면 서서히, 자신도 알아차리지 못한 채 먼 어느 날, 그 답을 살고 있으리라.
– 라이너 마리아 릴케(Rene Maria Rilke)

선생님은 왜 저한테만 그러세요?

종례를 하려고 교실로 향하는 내 발걸음이 무겁다. 4~5월이 되면서 아이들은 소란스러워지고 말도 도통 듣지 않는다. 옆에 있던 선생님과 이런 문제에 대해 의논하니, 3월 학기 초에 꽉 잡지 않아서 그렇단다. 3월 한 달은 꽉 잡은 뒤에 서서히 풀어주어야 학생들이 담임교사에게 고마워하면서 말을 잘 들으니까 지금이라도 꽉 잡으라고 조언하신다.

아이들은 조례와 종례 시간에 자리에 잘 앉아 있지도 않고, 교사가 전달 사항을 말하는 동안에도 자기들끼리 떠든다.

"수학여행 소감문 안 낸 사람은 내일까지 꼭 제출해라."

8   회복적 생활교육을 만나다

"수학여행 소감문 왜 써야 해요? 여행은 즐거우면 된 거 아닌가요?"
"딴소리 말고 내일까지 모두 내! 안 낸 사람은 일주일 청소인 줄 알아."
"그런 게 어디 있어요!"
"어휴 정말 왜 써야 해요?"
"정말 지겨워!"

여기저기에서 아우성이 들려온다.

"시끄러워! 내라면 내지, 왜 이렇게 말이 많아?"

갈수록 고분고분 따라오지 않는 아이들에게 지쳐서 버럭 화를 낸다. 그렇지 않아도 전달 사항도 많고 처리해야 할 것도 많은데, 머리가 아프다. 요즘 애들은 왜 이렇게 말을 듣지 않는지 정말 힘들다.

언제부터인가 아이들은 교사의 말을 순순히 따르지 않고 반항하기 시작했다. 학생들의 잘못된 행동을 지적해도 "왜요?" 또는 "왜 저한테만 그래요?"라고 되물어 왔다. 학생들의 이러한 반문은 매우 당황스럽다. 왜냐하면, 그동안 학생들에게 당연히 품는 기대들이 있었기 때문이다.

- 학생이니까 당연히 공부를 열심히 해야 한다.
- 학생이니까 당연히 수업 시간에 조용히 자리에 앉아 있어야 한다.
- 학생이니까 당연히 선생님의 지도를 고분고분 따라야 한다.
- 학생이니까 당연히 예의 바르게 행동해야 한다.

이런 것들이 너무 당연해 보여서 아이들이 수업 시간에 다른 이야기를 하거나, 교사의 말을 고분고분 듣지 않으면 화가 난다. 당연한 것을 하지 않는 학생은 문제 학생이고, 문제 학생을 훈계하고 지도하는 것은 교사의 역할이라고 생각해 왔기 때문이다. 그런데 문제는, 당연하다 생각해 온 것을 하지 않는 학생들이 점점 더 늘어나고 있다는 것이다.

요즘 아이들을 이해하기 어렵다는 의미로 '외계인', '중2병'이라 표현하기도 한다. 그러나 아이들을 외계인처럼, 마치 정상에서 벗어난 인간으로 이해하는 방식은 학생들에 대한 부정적인 시각만 커져서 아이들과 거리감을 느끼게 할 뿐 실제적인 문제 해결에 도움이 되지 않는다. 학생에 대한 부정적 생각이 강해질수록 학교에서 어떻게 벗어날 수 있을까를 고민하게 된다.

질문하기 시작하다

왜 아이들은 교사의 말을 따르지 않을까? 교사들의 지도가 왜 먹히지 않는 걸까? 교직 경력이 오래 될수록 전문성이 생겨서 교사 생활이 쉬워질 거라 믿고 있었지만, 그와 반대로 세월이 갈수록 아이들을 지도하는 것이 어려워졌고 교사로서의 효능감도 떨어지고 있다는 사실을 인정해야만 했다. '도대체 무엇이 문제인가?' '어디서부터 잘못된 걸까?' 갈수록 억울해지고, 교직 생활에 대한 회의와 교사로서의 무기력감과 절망감에 빠져들었다. 나의 무기력증은 하루하루 학교생활을 지옥처럼 느끼게 했고, 교직이 내 길이 아닌 것 같아 그만두어야겠다는 고민을 여러 번 하게 했다.

그렇게 깊은 절망감이 바닥을 치고 있을 때, 문득 내가 진정 원하는 것이 무엇인지를 스스로에게 질문하게 되었다. 지금껏 안 되는 것에 실망하고 있었다면, 이제는 내가 교직 생활에서 정말로 원하고 그리워했던 것들이 무엇인지 생각해보고 그 가능성들을 탐구해보기로 한 것이다. 그래서 문제는 늘 학생에게 있고, 학생만 바뀌면 된다고 생각하여 학생의 행동을 고치려고 애쓰던 나의 노력을 멈추기로 했다. 학생에게서만 문제의 원인을 찾으려 했던 시선을 다른 쪽으로 돌려보고자 했다. 아이들과의 지치는 싸움은 왜 시작되었는지, 이 싸움으로 나는 어떤지, 이 싸움으로 누가 행복한지, 내가 원하는 것은 무엇인지, 아이들이 원하는 것은 무엇인지….

성찰을 위한 나의 첫 행동은 갈등과 분노의 시작점이 되어 왔던 '학생들과의 대화 방식' 돌아보기였다. 제3자가 되어서 나와 아이들 간에 오가는 대화를 관찰했을 때, 그 결과는 인정하고 싶지 않을 정도로 참혹했다. 아이와 대화하면서 나는 내가 진정 원하는 것을 말하지도 못했고, 아이가 진정으로 원하는 것을 제대로 듣지도 못했다. 대화하는 동안 나는 상대를 공격하거나 반격할 준비를 하고 있었다. 이런 내 모습을 바라보는 것이 너무나 끔찍했고 부끄러웠다. 하지만 나의 부족함을 인정하기로 했고, 원하는 것을 채우기 위해 용기 있게 새로운 가능성을 탐색해 나가며 여러 시도들을 해 왔다.

고민 끝에 만난 것이 '회복적 생활교육'이었다. 이는 기존에 우리에게 있던 가치와 철학들을 모조리 뒤엎는, 패러다임의 전환이었다.

앞으로의 이야기는 원하는 것을 위해 새로운 가능성을 찾아 나선 도전 이야기다. 길지 않은 시간이었지만, 생활지도에 있어서 교사 그룹과

NGO 단체가 협력하여 함께 고민하고 실천해 왔다. 2011년 NGO 단체인 한국아나뱁티스트(KAC)를 통해 회복적 정의를 만나서 2012년 고양의 덕양중학교와 좋은교사운동 및 한국회복적서클위원회와 협력하여 회복적 생활교육의 현장 적용을 실험했다. 그동안 밟아 온 이러한 여정에 선생님과 학부모를 포함하여, 단절이나 소외가 아닌 새로운 바탕의 공동체를 경험하고픈 모든 분들을 초대한다.

목 차

1장
—

한계에 부딪힌
생활지도

01

길 잃은 교사

교실은 '진리의 규칙'이 지배하는 세계의 축소판이 된다.
그 안에서 우리는 그 규칙 아래서 아는 법과 사는 법을 배운다.
– 파커 파머(Parker J. Palmer)

일상화된 학교의 폭력 문화

첫째 아이가 초등학교에 들어간 지 얼마 안 되어서 벌어진 일이다. 바쁜 직장맘을 둔 덕에 아이는 동생을 챙겨야 하는 일이 잦았다. 그날도 아이에게 학교 마치고 동생을 유치원에서 데려오라고 했는데, 그때 딸아이가 말했다.

"짱 나!"

딸아이의 '짱 나'라는 표현에 나는 깜짝 놀랐다. 평소에 쓰던 말이 아니었기 때문이다.

"그런 말 어디서 배웠어? 짱 나가 뭐야! 그런 말 쓸 거야 안 쓸 거야?"

다그쳤지만 그 후에도 아이의 입에서 욕설이 새어 나오는 것을 들어야만 했다. 저런 욕들을 어디서 배우는 건가?

중학교에 근무하다 보니 아이들 입에서 새어 나오는 욕설을 듣는 것이 낯선 일은 아니다. 심지어 모범적이라고 생각했던 아이들의 입에서도 욕설은 너무나 일상적인 표현일 뿐이었다. 뿐만 아니라, 수업 중에 학생을 칭찬하는 일도 어렵다. 누군가를 칭찬하면 칭찬받은 아이를 향해 곱지 않은 시선들이 몰리기 때문이다. 그래서 어떤 아이는 공개적으로 칭찬 받는 것을 부담스러워하고 싫어하기도 한다. 교실 환경이 뭔가 잘못되어도 한참 잘못된 방향으로 흐르고 있었다.

쉬는 시간에 우리 반에 잠깐 들렀을 때의 일이다. 나는 두 명의 남학생이 한 여학생을 향해 휴지를 뭉쳐 던지는 모습을 보았다. 여학생은 그저 휴지 뭉치를 맞고만 있었고, 두 명의 남학생은 담임선생님이 온지도 모른 채 낄낄거리며 계속 던지고 있었다. 학급 아이들 대부분은 그 모습을 그저 쳐다보거나 같이 웃거나 할뿐 누구도 말리는 사람은 없었다. 난 너무 화가 나서 소리쳤다.

"너희들 딱 걸렸어! 당장 그만두지 못해? 너희들 이리로 나와!"

두 녀석은 장난꾸러기이기는 했지만 착한 아이들이라고 생각했는데, 왜 이런 짓을 하는지 이해할 수가 없었다. 그 상황이 너무 절망적이고 슬펐다.

폭력은 일상화되어 가고 있었다. 아이들은 학년이 올라 갈수록 인격적으로 성장하기보다는 오히려 폭력적 언행에 능숙해지고 있는 듯했다. 학교가 교육기관이 맞는가? 맞다면 학교는 본래의 역할을 다하고 있는가? 지금 아이들은 이곳에서 무엇을 배우고 있는가? 의문을 갖지 않을 수 없다.

드디어 터진 학교 폭력, 그리고 혼란

그날 휴지 뭉치를 맞은 가희의 어머니가 학교로 찾아와서 두 남학생을 학교 폭력 가해자로 신고했다. 가희는 초등학교 때부터 따돌림을 당해 왔고, 그때마다 가희 어머니는 교사를 찾아갔지만 달라진 것이 하나도 없다고 했다. 가희 어머니는 계속 참지만은 않겠다며 결국 신고를 했다. 이 일에 대한 의견은 분분했는데, 휴지 뭉치를 던진 것은 잘못이지만 학교 폭력으로 신고할 정도의 일은 아니라는 입장과 사소한 장난도 폭력이라는 것을 깨닫게 하기 위해 강력하게 처벌해야 한다는 입장이 나왔다. 결과적으로 두 남학생은 학교 폭력으로 인정되어서 교내 봉사 3일이라는 징계 처분을 받았다. 두 남학생은 3일 동안 방과 후에 운동장과 복도를 청소했고, 날마다 **빽빽**하게 반성문을 써서 담임과 학생부장과 교감선생님을 차례대로 찾아다니며 서명과 훈계도 받았다. 그러나 두 남학생의 반성문은 진정성 있는 사과이기보다는 벌을 면하기 위한 형식적인 글에 지나지 않았다. 아이들은 징계 처분에 대해 억울해하며 학교 폭력으로 신고를 한 가희에 대한 적대감을 키워갔다. 가희도 갈수록 날카롭고 예민해져서 학급 친구들에게 욕설을 쏟아냈고 말버릇처럼 학교 폭력으로 신고하겠다고 했다. 가희의 날카로운 반응은 학급 아이들의 냉랭함과 따돌림으로 부메랑처럼 다시 돌아왔다. 아이들은 가희가 따돌림 받을 만한 행동을 한다고 여겼고, 가희 근처에는 다가가지도 않으려 했다.

결과적으로 학교 폭력 징계는 학급의 문제 상황을 변화시키기 못했다. 오히려 아이들의 마음은 갈수록 차갑게 꼭꼭 닫혔고, 학급은 불신과 두려움으로 가득해져 갔다.

폭력을 만들어 내는 구조

그동안 사회적 이슈가 되지 못해 왔던 학교 폭력의 심각성은 2011년 12월 내구 권모 학생의 자살 사건으로 인해 수면 위로 적나라하게 드러나기 시작했다. 곳곳에서 곪아 있던 폭력 문화가 극단적인 사고로 터져 나왔고, 폭력 양상이 매우 심각하여 사회적 충격을 주었다.

이윽고 교사에 대한 사회적 질타가 쏟아졌고, 학교 폭력의 원인으로 교사의 무능력과 가해 학생의 개인적인 성품에 초점이 맞추어져 갔다. 학교 폭력을 해결하기 위해 가해 학생을 강하게 처벌해야 한다는 목소리가 힘을 얻고 있었지만, 이는 폭력이 악순환될 뿐 적절한 대처가 되지 못했다. 징계 이후 가해 학생에 대한 낙인 효과가 커져 갔고, 피해 학생은 실질적인 보호를 받지 못하는 상황이 벌어졌다. 학교의 학생부실은 여느 경찰서의 모습과 유사해져 갔으며, 교사는 마치 형사처럼 말하고 행동했고 교육자로서 정체성은 흐려지는 듯했다.

학교 폭력의 원인을 가해 학생의 개인적 문제로만 접근하는 방식은 학교 폭력 문제를 제대로 보지 못하게 했다. 개인의 부족한 인성도 문제지만, 개인의 인성이 가정·경제·사회 구조적 환경과 상호 작용으로 형성된다는 사실을 고려할 때, 학교 폭력의 원인이 전적으로 개인적인 인성의 문제라고만 볼 수가 없다.

오히려 입시 위주의 경쟁적인 학교 구조 자체가 폭력적이라는 것이 더 큰 문제이다. 협력하기보다 비교와 경쟁을 통해 승자가 되어야 하는 구조 속에서는 학생들 사이에 폭력적인 관계가 형성될 수밖에 없다. 학교 폭력은 학생 개인보다는 오히려 경쟁과 폭력적 구조를 강화하고 유지시키고 있는 기성세대와 사회에 책임이 있다는 것이 정직한 고백이다. 한국 교육의 이러한 구조적 모순을 드러내지 않은 채 학교 폭력의 문제를 해결하고자 하는 것은 그야말로 눈 가리고 아옹 하는 것이며, 이러한 접근 자체가 더 큰 폭력이 아닐 수 없다. 이런 구조 속에서는 학교 공동체 모두가 피해자가 될 수밖에 없다.

교사, 길을 잃다

학교 폭력으로 학교가 심각한 위기에 처한 상황에서, 교사들은 어느 때보다 학교 폭력과 생활지도에 대해 어떻게 대처해야 할지 공황 상태에 빠져버렸다.

우리 사회는 교사들에게 생활지도에 대한 이율배반적 요구를 해 왔다. 한편에서는 학생에 대한 인권 의식이 높아지면서 체벌 반대와 교사의 강압적이고 권위적인 생활지도 방식을 거부하는 분위기가 커져 갔고, 다른 한편에서는 학생의 문제 행동에 체벌과 같은 교사의 강제력을 행사

할 수 있는 권한이 강화되어야 한다고 주장했다.

학교 폭력이 사회적 이슈가 된 후에 정부가 발표한 학교 폭력 대처 방안은 더욱 교사를 어렵게 했다. 이 방안에 의하면, 문제 행동에 대한 교사의 교육적 노력들은 학교 폭력에 대한 미온적 대처나 직무유기로 해석되어 법적 처벌이 가능하게 되었다. 그러나 현실적으로 교사가 강압적인 태도를 보여 학교 폭력의 당사자인 학생과 학부모로부터 법적으로 고소되었을 때 법적으로 아무런 보호를 받지 못하고, 교사의 부적절한 대처라며 쏟아지는 사회적 비난과 징계를 감당해야 했다. 이러한 모순된 요구는 교사가 학교 폭력 사건에 직면했을 때 더욱 심각하게 작동하여 교사의 심리적 마비와 무능을 촉발시켰다.

교사의 선택지가 없는 상태에서 학교에서는 웃지 못할 많은 일들이 발생했다. 어느 초등학교 저학년 담임선생님의 이야기다.

"얼마 전, 117에 학교 폭력 신고가 들어왔다고 우리 반에 연락이 왔어요. 알고 보니 또 민선이었어요. 민선이는 반 아이들과 잘 어울리지 못하는 면이 있는데, 사소한 것도 모두 학교 폭력이라는 것을 배운 뒤에 툭하면 117에 신고를 하는 거예요. 그 일로 인해서 아이들은 민선이와 가까이 지내는 것을 더욱 꺼리게 되었어요. 그래서 민선이에게 말했죠. 이런 방법은 도움이 되지 않는 것 같다고요. 하지만 그렇게 행동하는 것이 민선이의 잘못만은 아니에요. 저조차 민선이를 어떻게 도와야 할지 뾰족한 방법이 없었어요. 아이들에게 친하게 지내라고 권유하는 것 외에는 말이에요."

어느 실업계 특성화고 선생님의 이야기다.

"요즘 애들의 유행어가 뭔지 아세요? '너 학교 폭력으로 신고한다'예요. 친구에게 농담 반 진담 반으로 그러는데, 요즘에는 선생님한테도 그런 말을 하더라구요. 조금만 자기 마음에 안 들면 '선생님, 학교 폭력으로 신고할 거예요.'라고 말이에요. 그런데 그런 말을 하는 녀석들은 주로 말썽꾸러기들입니다. 어이가 없어요. 이런 수모를 겪으면서 교사를 언제까지 해야 되는지 고민스럽습니다."

학교 폭력 교사 연수를 듣고 난 중학교 선생님의 이야기다.

"학교 폭력 문제에 대처하기 위해 내가 할 수 있는 일이 수첩에 아이들 상담 내용을 누적하는 것 외에는 없는 것 같아요. 연수 강사도 어떻게 하면 교사가 법적 처벌을 받지 않는지 요령만 가르쳐주는 것 같아서 마음이 씁쓸하네요. 교사로서 무기력을 느껴요."

심지어 학교 폭력 예방을 목적으로 궁여지책으로 내놓은 어처구니없는 생활 규칙까지 등장하게 되었다. 어느 한 초등학교의 생활 규칙이다.[1]

---

1   '친구랑 30초 이상 만나지 말 것–황당한 초등학교' 〈경향신문〉, 2012. 3. 8일자.

학교 폭력 예방을 위한 ○○초등학교 6학년 생활 규칙

1. 화장실 용무 외에는 복도에 나가지 않는다.

2. 교실 밖을 나가더라도

3명 이상 모이지 않고 30초 이상 만나지 않고 3문장 이상 이야기하지 않는다.

학교 폭력 문제의 책임과 비난이 교사와 학생 개인의 문제로 떠넘겨지면서 교사는 학교 폭력의 소용돌이 속에서 그만 길을 잃어버리고 말았다.

02

"나는 올바른 지도법을
배운 적이 없다"

제도가 공동체보다는 경쟁을 만들어 낼 때,
지적 삶이 우리를 연결시켜주기보다는 오히려 격리시킬 때,
우리의 마음은 활력을 잃고 우리를 지탱하는 것이 거의 사라지고 만다.
– 파커 파머

    교실을 향한 내 발걸음은 여전히 무겁고 답답하다. 얼마 전 가희에게 휴지 뭉치를 던져 학교 폭력 징계 처분을 받은 두 남학생은 더욱 거칠어졌다. 그들 뒤에는 우리 학교 짱인 민호가 있었는데, 그들은 민호가 시키는 대로 행동하고, 그 대가로 민호의 특별한 비호를 받고 있었다. 학급 아이들은 민호를 교사보다 더 무서워해서 민호의 잘못에 대해 문제 삼으려 하지 않았다. 그렇게 민호라는 존재는 무언의 폭력으로 학급을 무겁게 짓누르고 있었다.

    학교는 교육 공간이기는 하지만, 학교도 교사도 '폭력'을 교육적으로 다룰 수 있는 능력이 없다는 것을 새삼 깨달았다. 생활지도의 어려움

을 호소하는 교사들이 늘어나고 있다. 2013년 한국교원단체총연합회와 행복교육누리, 공교육살리기학부모연합이 전국 초중고 교사 1,269명을 대상으로 한 설문 조사에 의하면, 교사의 68.6%가 '생활지도가 고통스럽다'고 했다.[2] 왜 생활지도가 예전과 달리 어려워졌을까? 학생들이 문제인가? 교사의 능력 문제인가? 관료적인 학교의 문제인가? 사실, 점점 더 교사의 생활지도가 학생들에게 먹히지 않고 있다. 교사의 권위가 통하지 않는다. 어쩌다 이렇게 됐을까?

부수적인 업무로 밀려나는 생활지도

교직 경력이 늘면서 자연스럽게 생긴 버릇 하나가, 출근하자마자 그날그날 처리해야 할 공문부터 확인하는 것이다. 보고 기간을 놓치거나 좀 늦어지면 교육청이나 관리자로부터 바로 독촉이 오기 때문에 신경을 안 쓸 수 없다. 급한 공문으로 간혹 수업 시간에도 행정 업무를 해야 했다. 교육청은 주로 공문을 통해 학교를 관리하고 통제하기 때문에 부서별로 처리해야 할 공문의 양이 적지 않다.[3]

초임 시절에는 학급 이벤트도 많이 했지만, 어느 때부터인가 아이들도

2　2013년 4월 24일부터 5월 3일까지 한국교원단체총연합회와 행복교육누리, 공교육살리기학부모연합이 전국의 초·중·고 교사 1,269명을 설문조사한 결과, 교육 현장에서 가장 고통스러운 것이 '학생 생활지도'(35.5%)라는 응답이 가장 많았다. 교사 10명 중 7명(68.6%)은 "학생 생활지도 때문에 매우 또는 약간 고통받는다"고 했다. '별로 또는 전혀 고통 받지 않는다'라는 교사는 10명 중 1명(8.4%)에 불과했다.

3　2010년 서울시교육청이 조사한 공문서 현황에 따르면, 서울 소재 초등학교가 연간 받는 공문은 한 학교당 8,296건이었다. 중학교는 학교당 7,670건이었으며 고등학교의 경우 8,982건으로 가장 많았다. 이 같은 공문 건수를 1년 365일 중 공휴일(법정휴일 기준 통상 118일)을 제한 247일로 나누면 학교당 적게는 31건에서 많게는 36건의 공문을 처리하는 꼴이다. 2014년은 학교 폭력과 주5일제 토요 프로그램 운영 등으로 공문이 더 늘었다.

학원으로 바빠지고 나도 행정 업무로 여유가 없어지면서, 생활지도는 그저 별 사고만 없으면 된다는 식으로 생각하게 되었다. 자연스럽게 생활지도는 수업과 행정 업무에 비해서 부수적인 영역으로 밀려나기 시작했다.

'학교교육 활동은 교과교육 영역과 생활지도 영역으로 접근되어 왔다. 이 두 영역은 분리된 구분이라기보다는 서로 긴밀하게 연결되어서 온전한 교육 활동을 가능하게 한다. 두 영역이 모두 중요함에도 불구하고, 교과 교육은 성적이라는 성과물이 있고 사회적으로 선발과 경쟁을 위한 중요한 요소로 관심의 대상이 되면서 '수업'은 교사 역할로 중요하게 인식되어 왔다. 이에 비해서 눈에 보이는 성과가 별로 없는 생활지도는 학교 현장에서 오랫동안 부수적인 영역으로 인식되어 왔다. 이러한 이유로 생활지도에 대한 교육적 고민이나 철학, 방법론에 대한 충분한 연구가 되지 못한 것도 사실이다. 그로 인한 교과교육과 생활지도의 불균형과 불일치, 단절은 교육 활동을 매우 어렵게 만드는 결과를 가져왔다.' 4

좋은교사운동 임종화 대표의 지적대로, 생활지도가 교육 활동의 핵심적인 영역인데도 불구하고 부수적인 영역으로 취급되면서 생활지도에 대한 철학적 고민과 방법에 대한 연구가 부족했던 것이 사실이다. 이러한 이유로 변화되고 있는 교육 환경에 맞는 적절한 생활지도의 대안을

---

4 임종화, '생활지도의 새로운 패러다임 회복적 생활교육을 제안한다' 좋은교사운동 토론 자료집. 2011.10.31.

제시하지 못한 채 기존의 생활지도 방식만을 답습해 온 것이 오늘날 생활지도가 어려워지게 된 첫 번째 원인이다. 생활지도가 되지 않는데 수업이 잘 될 리가 없다. 생활지도의 어려움은 수업의 어려움으로 이어질 수밖에 없는 것이다.

권위에 의존한 생활지도 방식은 끝났다

이전에는 학생들 대부분이 교사들 말에 순응했다. 그러나 이제는 순순히 따라오지 않는다. 교사들은 요즘 학생들이 버릇없고 이기적이기 때문이라고 지적하지만, 정말 학생들만의 문제인가? 생활지도에 대한 철학적·방법적 연구의 부재는 교사들로 하여금 여전히 전통적 생활지도 방식을 따르도록 한다. 그러나 기존의 전통적인 생활지도 방식은 변화된 현대 사회에서 더는 작동되지 않는 패러다임이다.

우리 사회는 '잘못을 한 사람은 응당한 처벌을 받아야 한다'는 오랜 신념을 지니고 있으며, 생활지도의 영역에서도 이러한 응보적 신념은 예외 없이 적용되어 왔다. 사회와 학교는 전문성과 권위를 가진 소수에 의해서 잘못에 따른 처벌이 결정되는 권위적인 사회와 교육 시스템을 발전시켜 온 것이다.

하지만 현대 사회는 전통적인 권위에 복종하기를 거부한다. 사회가 발전해 갈수록 서로 다른 것에 대한 존중, 개인의 자율성에 대한 인정, 다양성의 가치가 중요하게 여겨지고 있다. 이러한 시대적 변화는 학교 사회에서도 마찬가지다. 학생들은 더는 교사의 권위적인 지도에 무조건적으로 순응하기를 거부한다.

학교와 학급 환경은 학생들의 요구나 필요와 상관없이 교사로부터 일방적으로 만들어지는 경우가 대부분이다. 대표적인 것이 바로 학급 규칙인데, 학생들에게 학급 규칙은 통보되고 당위적으로 지키도록 강요된다. 학급 규칙 자체가 도덕적이고 상식적임에도, 학생들은 규칙을 기꺼이 따르기를 거부한다. 교사들은 학급 규칙이 너무나 당연해 보여서 거부하는 학생들이 문제라고 생각하지만, 각자의 필요와 동의 없이 세워진 규칙이나 약속은 생기와 동력을 잃게 마련이어서 학생들에게 규칙을 준수할 만한 동기를 부여하지 못하고 있는 것이다.

공동체성을 상실한 학교 현실

우리 교육이 겪고 있는 고통은 생활지도에만 해당되지 않는다. 우리는 총체적인 교육의 위기에 직면해 있다. 파커 파머는 '교육의 고통은 단절의 고통'[5]이라고 진단했는데, 정확한 지적이다. 학생에게 배움은 객관적 지식이라고 판단되는 내용이 주입되는 방식으로 이루어지고 있다. 그로 인해 배움에 있어서 학생들의 성찰을 불러오지 못하고, 성찰 없는 배움은 학생들의 삶을 변화시키지 못하고 있다. 지식은 단지 상급학교 진학을 위해 존재하고, 배움은 학생들에게 고된 노동으로 변질되고 있다. 학생과 교사는 점점 이해 관계 중심으로 변화되어 학생에게 교사는 성적 향상과 졸업을 위해 존재하고, 교사에게 학생은 교사라는 직업을 유지시키기 위해 존재한다. 학생과 학생의 관계는 진학을 위한 서열이 결정되

---

5   파커 파머, 《가르침과 배움의 영성》, IVP, 2006, 14쪽.

는 경쟁자로, 서로가 서로의 삶의 선물이기보다 넘어서야 하는 장애물로 존재한다. 학교는 학생들을 성적에 따라 분류하고 선별하여 상급 학교로 진학시키는 행정 기관으로 존재한다.

이처럼 학교에서의 배움도, 구성원 간의 관계도 교육의 목적도 본래적 존재 의미와 단절되고 기능적으로 변질되어 가고 있다. 더욱이 서로 간의 관계성 단절은 소속감이나 유대감을 약화시켜 결과적으로 공동체성을 상실하는 결과를 초래하고 있다. 단절된 삶이 지속된다면 삶은 공허해지고 피폐해져 본질을 왜곡하고 폭력적으로 변질되는 것이다.

이런 까닭에 학교 안의 단절된 관계는 폭력을 부르고, 교육 공간이 지닌 기본적인 안전을 파괴한다. 지금 우리가 겪는 학교 폭력의 근본 원인은 바로 관계의 단절과 그로 인한 공동체성의 상실에 있다. 안타깝게도 발표된 학교 폭력 대책은 처벌 강화에 초점을 두고 있어서 오히려 관계의 단절을 심화시키고 있다는 점이다.

학교가 교육 기관으로서의 역할을 회복하기 원한다면, 일차적으로 학교의 공간을 안전하도록 만들어야 하고, 안전한 공간을 만들기 위해서는 훼손된 관계성을 회복해야만 한다. 이러한 의미에서 "사람은 관대한 공간에서 가장 잘 배운다"라고 말한 평화운동가 박성용대표의 말에 동의한다. 안전한 공간과 정서적 평안이 없는 곳에서는 어떠한 배움과 교육도 불가능하다.

03

행동을 어떻게 변화시킬 것인가?

우리가 벌을 사용하면 아이들은 우리를 회피해야 할 대상으로 보게 되고,
보상을 사용하면 우리를 사탕 분배자로 보게 된다.
- 알피 콘(Alfie Kohn)

기 싸움

중학교 2학년 준모와의 갈등은 학기 초부터 시작되었다. 학기 초에
학급 분위기를 잡지 못하면 1년을 고생한다는 나름의 교사 집단 안에서
내려오는 신념이 있는데, 현실적으로 틀린 말은 아니다. 내게 '학급 분위
기를 잡는다'는 것은, 교실 안에서 질서가 지켜지고 공부에 집중할 수 있
는 학업 분위기를 조성하는 것을 의미했다. 이것저것 많은 규칙을 나열
하기보다는 몇 개의 규칙만 철저하게 지켜서 자연스럽게 질서 있는 학급
이 되도록 하는 것이 나의 전략이었다. 그래서 선택한 규칙이 '모든 학생
이 8시 30분까지 등교하기'였다. 제 시간에 등교하지 못하면 조례가 시
작되는 8시 50분까지 복도에 서 있는 것이다. 학기 초 아이들은 규칙을

중요하게 받아들여서 시간에 맞게 등교하려고 서두르는 모습을 보였다. 2주 정도는 한두 명이 1~2분 늦는 것을 제외하고는 아무 문제없었다. 준모가 도전적인 행동을 하기 전까지는…. 준모의 도전적인 행동은 정해진 등교 시간보다 1~2분 늦거나 10분이 늦거나 똑같이 복도에 서 있다가 8시 50분이면 교실에 들어온다는 사실에서 시작되었다. 준모는 2주 동안은 나름 땀 빼면서 시간을 지키려고 뛰어오기도 했지만, 어느 날 5분이 늦고 다음날은 10분이 늦더니 드디어 아예 8시 50분에 맞추어서 학교에 오기 시작했다. 담임으로서 잘못한 사람에게는 그만큼의 벌을 주어야 공평하다는 생각을 한 나는 20분 늦은 준모에게 방과 후에 남아서 교실 청소를 하도록 명령했다. 더불어 교실 청소 당번이었던 아이들에게는 청소를 면제해주었다. 하지만 일은 내 예상대로 돌아가시 않았다. 준모는 교실 청소를 하지 않고 집으로 가버렸다. 빗자루와 쓰레기가 교실 바닥에 뒹굴고 있고, 책상과 의자는 무질서하게 흩어져 있는 텅빈 교실을 보았을 때 나는 분노를 참지 못했다. 준모에게 바로 전화를 걸었고, "당장 학교로 돌아와!"라는 말을 남기고 전화를 끊었다. 하지만 준모는 오지 않았다. 그날 이후 준모와 나의 기 싸움은 1년 동안 이어졌다.

문제 행동에 대응하는 우리들의 방법

준모의 도전은 나를 당황스럽게 했다. 모든 학급 아이들이 8시 30분까지 등교하여 조용히 아침 자습으로 하루를 시작하려던 나의 모든 계획이 어그러지기 시작했다. 준모의 일탈로 학급의 모든 규칙이 흔들리기 시작했고, 아이들 앞에서 나의 지도력도 점점 힘을 잃어가는 것만 같았다.

준모의 행동을 그대로 놔두어서는 안 되겠다는 생각과, 학생들이 담임선생님을 가볍게 여기지 못하도록 해야겠다는 생각으로 나는 아이들을 향해 거칠게 말하고 행동하기 시작했다. 사소한 일에 대해서도 잘잘못을 따지면서 단호하게 대응했다. 거칠고 엄격해진 나의 태도로 인해 아이들은 떠들다가도 내가 나타나면 입을 닫아버렸다. 나를 쳐다보는 아이들의 눈빛과 얼굴은 늘 불편해보이거나 무표정이었다. 그렇게 아이들과의 관계는 점차 사무적으로 변해갔고, 학급 분위기는 싸늘해져 갔다. 아, 이런 모습이 내가 원했던 모습인가? 시간이 갈수록 내가 바라던 교사의 삶과는 거리가 멀어지고 있었다.

학생들의 잘못된 행동을 변화시키기 위해 교사가 일반적으로 사용하는 기제는 강압이나 벌, 또는 보상이다. 미국의 교육학자인 알피 콘은 강압과 벌, 보상에 대해 다음과 같이 정리하고 있다.[6]

- '강압'이란, 힘을 가졌다고 생각하는 사람이 자신이 원하는 것을 상대로부터 얻는 가장 기본적인 방법으로, 문제가 발생했을 때 교사는 일방적으로 결정하고 학생으로 하여금 '하게 한다.'
- '벌'이란, 학생이 싫어하는 것을 하도록 시키거나 하고자 하는 것을 못하게 하는 것으로, 벌은 불쾌한 것을 선택하게 하고 고통을 주는 것이다.
- '보상'은, 긍정적인 행동을 한 학생에게 별표 또는 스티커를 주거나

---

6 알피 콘, 김달효 옮김, 《훈육의 새로운 이해》, 시그마프레스, 2005.

행동을 잘 한 학생을 선출해서 칠판에 적거나 공개적으로 칭찬하는 것인데, 보상은 결과적으로는 벌과 동전의 양면처럼 동일한 방식이다.

강압과 벌, 보상 외에 '논리적 결과'와 '거짓된 선택'이 있다. 논리적 결과는 "네가 벌 청소를 하게 된 것은, 네 행동의 결과야."와 같은 경우인데, 결국 벌과 동일하다. 거짓된 선택은 "조용히 공부할래, 벌 받을래?"와 같이, 마치 학생에게 선택권을 주는 것 같지만, 강압을 포장한 것에 지나지 않는다.

이처럼 학생들의 문제 행동에 대한 교사들의 가장 일반적인 대응은 강압과 벌, 보상이다. 그런데 과연 강압과 벌, 보상은 효과가 있을까?

단기적으로 볼 때, 분명 효과가 있다. 단호하고 엄격한 교사의 지도력은 아이들을 잠깐 동안 순응하게 한다. 하지만, 강압과 벌을 주던 교사가 자리에 없으면 바로 효과가 사라지고, 또 어느 정도 시간이 지나면 효력이 약해져서 강도를 높여야만 한다. 수업 중에 사탕 하나만으로도 고마워하던 아이들이 어느 순간부터 더 많은 대가가 주어져야만 행동한다. 교사와의 관계성도 깨지기 시작하여, 학생들은 교사를 벌을 주거나 사탕을 주는 사람으로 여기게 된다. 공평하고 일관되게 상벌을 주려는 교사의 노력은 결과적으로 아이들을 감시·감독하는 데 더 많은 힘을 쏟게 만든다. 학생들을 감시·감독하면 할수록 학생들이 미성숙하고 자기중심적인 못미더운 존재로 여겨지게 되어 더욱 통제를 강화하게 한다. 그러나 이러한 통제와 학생에 대한 이해는 결과적으로 학생과 교사 간의 친밀감으로부터 멀어지게 할 뿐만 아니라, 학생들의 수동성을 더욱 강화하게 만드는 악순환을 초래한다.

이처럼 강압과 벌, 보상은 학생들로 하여금 내면의 동기보다는 외적 평가나 기준에 의해서 행동하게 함으로써 도덕성 발달을 저해하는 결과를 가져온다. 무엇보다 강압과 벌, 보상은 힘이 있다고 생각하는 사람이 상대방에게 '~하게 하는' 것으로 '힘'에 의한 질서를 배우게 한다.

준모는 학급 아이들에게도 무서운 존재였다. 아이들은 준모에게 복종했고, 반항적인 남학생들은 준모를 중심으로 모이기 시작했다. 준모 앞에서 모든 규칙은 멈추어 섰다. 갈수록 준모의 일탈 행위는 무단 조퇴, 담임교사 지도 거부, 흡연, 수업 중 여교사에게 욕설하기 등으로 이어졌고, 결국엔 몇 번의 선도 처벌까지 받게 되었다. 하지만, 준모는 결코 나아지지 않았다. 오히려 준모의 눈매는 더 날카롭고 무서워졌다.

잘못한 행동을 하는 학생은 그에 상응하는 벌을 받고, 올바르게 행동하는 학생이 보상을 받는 것은 당연한 것이 아닌가? 하지만, 현실적으로 학생에 대한 상과 벌은 학생들의 행동을 긍정적으로 변화시키는 데 많은 한계가 있음을 인정하지 않을 수 없다. 그렇다면 교사는 무엇을 할 수 있다는 말인가? 어디서부터 다시 시작해야 할까?

폭력을 부르는 감정, 수치심

> 사람들은 수치심 때문에 참을 수 없이 고통스러울 때
> 자기 안에 있는 수치심을 남한테 떠넘겨서 수치심에서 벗어나려고
> 혹은 참을 수 없이 고통스러운 수치심을 아예 처음부터 피하려고 폭력을 휘두른다.
> 사람들이 남을 해치는 이유는, 더 약하고 수치심을 느껴야 하는 것은
> 내가 아니라 남임을 증명하려는 마음에서다.
> – 제임스 길리건(James Giligan)

수치심이 지닌 위력

학교의 선도 조치에도 준모는 자신의 행동을 진정으로 반성하거나 돌이키려는 노력을 보이지 않았다. 한번은 준모가 한 남학생을 주먹으로 때린 일이 발생했는데, 자신을 보고 비웃었기 때문이라고 했다. 정작 상대 학생은 준모가 무서워서 눈도 쳐다보지 못했는데 말이다. 준모의 피해 의식은 커져 갔고, 자주 분노를 표현했다.

강압과 벌과 보상으로 학생들의 행동을 변화시킬 수 있었다면, 아마도 준모는 지금쯤 모범적인 학생이 되었을 것이다. 하지만, 강압이나 벌은 오히려 준모의 폭력적 행동과 분노를 자극하는 역할을 했다. 준모가 순종하는 사람은 준모 자신보다 더 힘이 센 사람이다. 반면에, 자신보다

힘이 약해 보이는 사람에게는 자신이 당한 폭력을 그대로 갚아주었다. 보상 역시 준모에게는 별 의미 없는 것이었다. 사탕이나 가산점을 받기 위해 수업에 잠시 집중하는 척했을 뿐이다.

상벌에 의해 행동을 수정했다면 그 내면의 동기는 대부분 두려움, 죄책감, 수치심이다. 두려움이나 수치심은 학생들로 하여금 저항이나 복종, 도피를 불러온다. 결과적으로 교사와 학생 사이의 관계가 단절되어 서로에 대한 존중이나 협력, 자발적 책임을 이끌어 내지 못한다.

수십 년간 폭력 행동의 심리적 메커니즘과 폭력 예방책을 연구해 온 폭력 문제의 권위자이자 정신의학자인 제임스 길리건은 수치심은 폭력적인 행동의 원인이 된다고 지적하고 있다. 수치심에서 벗어나려고 폭력을 저지르는데, 결국 수치심은 관계의 단절을 가져와 친사회적 행동으로부터 멀어지게 하는 것이라고 말한다.

수치심이나 죄책감은 양육하는 과정에서 자주 이용되는 심리적 기제다. 죄책감과 수치심은 다소 차이가 있다. 죄책감은 자신의 잘못된 행동을 인정하여 책임감 있는 행동을 하도록 돕는 역할을 한다. 반면에 수치심은 '자신의 결점으로 인해 사랑이나 소속감을 누릴 가치가 없다고 생각할 때 느끼는 극심한 고통'[7]으로, 자신의 잘못을 돌아보기보다는 수치심으로부터 벗어나기 위해 반사회적 행동을 하게 된다. 죄책감과 수치심을 간단히 비교하면 다음과 같다.

---

7   브레네 브라운, 서현정 옮김, 《나는 왜 내 편이 아닌가?》, 북하이브, 2012, 36쪽.

죄책감 = 내가 한 행동이 나쁘다.

수치심 = 나는 나쁘다.

죄책감 = 주인의 허락 없이 물건을 가져간 나의 행동은 나쁘다.

수치심 = 나는 뻔뻔스런 범죄자다.

수치심은 '누가 날 사랑하겠어. 누가 내 곁에 있으려 하겠어.'라는 생각처럼, 자신의 실수나 부족함으로 인해 사랑받을 자격을 박탈당할지 모른다는 두려움을 갖게 한다. 문제는 학생들 대부분은 훈육의 과정에서 수치심을 경험하고 있다는 사실이다.

수치심을 자극하는 학교 문화

교육과 사회, 문화, 종교로부터 수치심은 내면화된다. 안타깝게도 우리 사회의 학교 문화는 이미 수치심을 자극하는 많은 요소들이 존재하고 있다.

완벽주의적 문화 : "무언가 부족해…"

학교에서는 100점이 기준이다. 점수가 안 좋으면 실패자가 된다. "공부도 못하는 것이…" 이런 꼴을 당하지 않으려면 수많은 노력을 기울여야 하는데, 결과가 아무리 좋아도 늘 '부족해'를 경험하게 한다. 시험 점수가 좋지 않은 아이들은 학교에 오면서부터 수치심을 느낀다. 무한 경쟁의 학교 구조로 인해 성적이 좋은 학생조차 항상 '난 부족해'에 시달려서, 학생들은 노력한 만큼의 결과가 아니라 노력한 것 그 이상의 것, 완벽함을 추구하게 된다. 누구도 '이만 하면 됐어'를 외치지 못하고 늘 결핍감에 시달린다.

문제는 아이들의 수치심은 학교 제도의 결함에 따른 것이라는 데 있다. 학교에서 실패한 아이는 깊은 곳에 수치심을 묻어 두고 또 다른 치명적인 수치심을 내면화한다.

당위적 문화 : 선택의 여지가 없는…

학교는 당연한 것들 투성이다. 이미 정해진 절대적인 것들로 인해 소통해볼 여지가 없다. '당위적 지식을 주입하는 수업'이나 '당위적 규칙에 의한 생활지도'는 권위적으로 흐를 수밖에 없다. 당위 문화에서는 '합의 · 소통'보다는 '순응 · 복종'이 최고의 가치다. 그래서 얌전하게 교사의 말에 순응하는 학생들이 주로 모범생으로 인정받고, 자신의 의견을 말하는 사람은 말대꾸하는 버릇없는 학생으로 취급된다. 그러나 인간에게 자율성은 가장 기본적인 욕구다. 자신의 필요가 억압당하고 자율성이 박탈되는 것은, 그 사람에게 있어서는 삶의 통제력과 주도권이 부정되는 것과 같다.

자기 필요에 대해 표현하고 공동체 안에서 모두의 필요를 해결하기 위한 방법을 학교에서 배우지 못한 학생들은 온전한 성인으로 성장하기 어렵다. 그러나 안타깝게도 학교 문화는 학생들에게 자신의 필요에 따라 미래를 탐색할 수 있는 능동적 기회를 제공하기보다는 이미 정해진 사회적 기대에 맞춰서 순응하는 수동적인 삶을 요구하고 있다.

적개심을 부추기는 문화 : "너는 그것도 모르니?"

안타깝게도 지금 우리의 학교는 존중과 배려와는 거리가 먼 적개심을 부추기는 문화로 가득하다. 비난, 꼬리표 붙이기, 조롱, 멸시, 남 탓, 편 가르기, 따돌림 등은 최근 학생 관계 속에서 가혹하게도 비일비재하게 일어나고 있는 일들이고, 학생들은 이와 같은 태도를 평범하게 받아들여서 폭력이라는 인식조차 흐려지고 있다.

교사의 생활지도 방식에도 적개심을 부추기는 의사소통 패턴들을 쉽게 찾아볼 수 있다. "너는 그것도 모르니?" "네가 그런 줄 알았다." "당장 ~해!" "또 너야?"와 같은 비난이나 선입견, 평가와 강요와 같은 반응들이 학생들의 수치심을 자극한다. 뿐만 아니라, 학업 경쟁 구조를 포함하여 과정보다는 결과 중심의 평가 구조와 상벌점제와 같은 처벌 중심의 기계적 대응은 학생들을 대상화하여 역시 수치심을 자극하게 된다.

수치심의 결과

단절 = 공감 스위치 꺼 버리기

수치심은 다른 사람과의 유대감과 소속감으로부터 단절을 가져온다. 인간은 태어날 때 '개인'으로보다 가정이라는 '공동체'로 먼저 존재하게 된다. 부모의 안전한 돌봄과 사랑, 신뢰와 같은 유대감이 있기에 아이는 세상 밖으로 한발 내딛을 용기를 지닐 수 있는 것이다. 이는 인간이 신체적 · 정서적 유대감을 경험하지 못한 채 단절된다면, 스스로 살아갈 수 있는 온전하고 자율적인 한 개인으로 성장할 수 없다는 것을 의미한다.

또한 유대감과 소속감의 단절은 인간의 공감 스위치를 꺼버리고 인간을 대상화하게 한다. 그래서 교실에서 따돌림이나 폭력이 발생해도 자기 일이 아니면 방관하게 되고, 가해 학생의 경우에는 피해에 대해서 진심으로 이해하거나 사과하지 못한다. 결과적으로 공감하는 능력을 상실하여 반사회적 행동을 하게 되는 것이다. 이런 점에서 '단절'은 수치심으로 인한 가장 치명적인 피해라고 할 수 있다.

거짓 자아 = ~인 척 살기

수치심은 자기 존재를 부정하고 자신의 무가치함에 대한 두려움이라고 했다. 수치심에 묶인 사람은 자기 자신을 좋아하지 않기 때문에 다른 사람으로 위장하게 되는데, 주로 부모와 교사나 사회가 요구하는 사람으로 '~인 척' 살아가게 된다. 센 척, 아는 척, 잘난 척, 아닌 척 등등의 수많은 거짓 자아로 살아가는 것이다.

'~인 척 살기'는 자기 자신을 잃고 다른 사람으로 살아가므로 '자신과의 단절'을 의미한다. 자기 주관보다는 또래의 유행이나 외모를 따르려는 행동, 기계적으로 공부하는 것, 진로 결정에 있어서 자신의 욕구보다 부모나 사회적 기대를 쫓는 것 등이 그러하다. 이렇게 자신과의 단절된 삶이 지속된다면 삶은 공허해지고 피폐해진다.

반사회적 행동 = 수치심 전가하기

수치심은 친사회적 행동으로부터 멀어지게 한다. 2014년 3월 교육

부에서 발표한 학교 폭력 실태 조사[8]에 따르면, 가해자 중 24.4%가 피해 경험이 있는 것으로 조사되었다. 이와 같이, 수치를 당한 경험이 있는 사람은 다른 사람에게 그대로 수치를 전가한다고 볼 수 있다. 또한 수치심은 타인뿐 아니라 자신을 향하기도 하는데, 자기 비난, 자기 분열, 완벽주의, 중독, 자살 등 자신에게 가학적인 행동을 하게 한다.

수치심과 안녕하기

수치심은 무엇보다 자기성찰을 불러 오지 못한다. 학생들의 잘못에 대해 처벌을 하는 가장 중요한 목적은 학생으로 하여금 자신의 잘못을 깨닫고 잘못된 행동을 반복하지 않도록 하기 위해서인데 말이다. 그렇다면 무엇이 자기성찰을 이끌어 오는가? 브레네 브라운은 "공감은 수치심의 강력한 해독제다"라고 말한다. 수치심으로 인해 인간은 두려움과 비난과 단절감을 겪는 반면에, 공감은 용기와 자비, 유대감과 자기성찰을 이끌어 낸다.

학교 현장에서 교사는 수치심과 공감에 대한 이해를 바탕으로 학생들의 문제 행동을 다룰 필요가 있다. 학생들의 수치심을 어떻게 관리할 수 있을까? 어떻게 학생들로 하여금 공감을 통해 자기성찰을 이끌어 낼 수 있을까?

---

8   '현장 중심 학교 폭력 대책 14년 추진 계획 발표', 교과부, 2014. 3. 4.

2장

아이들을 마음으로
만날 수 있을까

01

처벌이 아닌, 자발적 책임으로

많은 경우 공감은 연민과 동정의 마음을 키워주고
올바른 선택을 하도록 동기를 부여해준다.
– 로레인 수투츠만 암스투츠(Lorraine Stutzman Amstutz)

우리가 겪고 있는 교육 고통은 한마디로 '단절의 고통'이다. 자신의
내면과 분리된 삶을 살고 있는 교사와 학생, 동료나 사제 사이의 관계 단
절, 교육적 가치와 단절된 채 경제적 가치에 지배당한 교육···. 이로 인해
교육은 왜곡되고, 학교 현장은 붕괴되고 있다.

단절의 고통에서 벗어나는 해법은 '연결'이다. 연결이란 분리되지 않
은 온전함이다. 내면과 외면이 분리되지 않는 삶을 사는 개인은 삶의 의
미를 발견하고 생기 있게 살아갈 수 있다. 친구와 갖는 유대감과 공동체
에서 느끼는 소속감은 인간에게 안전함과 평화를 가져다준다. 경쟁과 효
율성, 통제와 결과 중심의 교육은 위계 구조를 낳지만, 협력과 배려, 존
중과 과정 중심은 우리를 평화로운 공동체로 이끈다.

인간의 삶은 연결되어 있다. 생명이 본래 연결되어 있기 때문이다. 이러한 의미에서 교육의 역할은 '연결'이다. 지식이 삶과 연결되어 각기 다른 개인들이 서로의 삶을 공감하며 친구가 되고, 개별적 존재들이 모여 공동체로 성장하도록 하는 것, 그것이 바로 교육의 역할이라는 생각이 든다.

연결과 공감을 증진시키다

단절의 해법이 '연결'이라면, 이를 위해 우리는 무엇을 할 수 있을까? 다음과 같은 질문을 적용해볼 필요가 있다.

'연결'을 방해하는 것은 무엇인가?
'연결'에 도움이 되는 것은 무엇인가?
'연결'을 위해 우리는 무엇을 할 수 있는가?

생활지도면에서 볼 때, '연결'을 방해하는 것은 권위적·통제적 생활지도 방식이 수치심을 자극하여 단절을 불러온 데 있다고 본다.

'연결'에 도움이 되는 것은 '공감'이다. 공감이란 다른 사람이 경험하고 있는 것을 존중하는 마음으로 이해하는 것[1]이며, 브레네 브라운은 공감을 얻으면 수치심에서 벗어날 수 있다고 했다. "공감, 용기, 자비를 통해, 우리는 단절에서 벗어나 진정한 연결로 나아갈 수 있다."[2]고 말한다.

---

1   마셜 B. 로젠버그, 캐서린 한 옮김, 《비폭력대화》, 한국NVC센터, 2011, 155쪽.

2   브레네 브라운, 서현정 옮김, 《나는 왜 내 편이 아닌가》, 북하이브, 2012, 84쪽.

공감은 자신과 타인을 돌보며, 친사회적 행동을 할 수 있도록 돕는다. 이런 의미에서 학교 현장에서의 생활지도 방향은 학교 구성원 사이의 연결과 공감을 증진시키는 것이 되어야 한다. 그렇다면, 어떻게 학교 구성원 사이의 연결과 공감을 증진시킬 수 있을까?

단절의 고통을 극복하고 연결과 공감을 증진시킬 수 있는 대안으로 나는 '회복적 생활교육'을 제안한다. '회복적'이란 말과 '생활교육'은 모두 우리에게 익숙한 표현은 아니다. '회복적 생활교육' 개념은 '생활지도'에서 '생활교육'으로 관점의 확대를, '권위적·통제적 접근'에서 '회복적 접근'으로 관점의 전환을 요구한다.

'생활지도'에서 '생활교육'으로, 관점의 확대

'생활지도'라는 말은 학교 현장에서 '훈육'과 '생활지도'의 개념을 뒤섞어 사용하고 있는데, 학생 생활을 규제하고 통제하는 데 주목적이 있다. 즉, '바람직하지 못하다고 판단되는 행동을 차단하고 예방하기 위해 학생들의 행동을 어떻게 통제할 것인가'에 대한 것이다. 그리하여 지금껏 잘못에 대해서는 처벌 중심으로, 긍정적인 행동에 대해서는 보상 중심으로 이루어져 왔다. 그리고 이러한 처벌과 보상은 힘과 권위를 지닌 교사를 전제로 한다. 결국 '생활지도'의 개념은 '잘못한 행동에 대해 교사의 권위에 의존한 처벌과 통제 중심'의 의미를 지녀온 것이다.

반면, '생활교육'은 잘못한 행동에 대한 것뿐 아니라, 학생들의 전반적인 생활에 대한 교육적 접근을 의미한다. 학교라는 공동체 속에서 존엄한 개인들이 서로 존중하고 협력하면서 공동체를 세워 나가는 능력을 키우는 교육 과정인 것이다. 이는 이전의 '생활지도'보다 훨씬 폭넓은 개념이다. 생활교육과 수업은 분리되어 있지 않다. 수업을 개인이 공동체 안에서 상호 존중과 협력을 통해 배움을 익히고 확산하는 과정으로 보기 때문에, 수업도 생활교육의 중요한 한 영역으로 인식한다. 학교 공동체가 연결과 공감을 증진시키기 위해서는 통제의 관점인 '생활지도'에서 벗어나는 것이 중요하다고 본다. 학생들의 잘못된 행동 수정에 집중하기보다는 학생들로부터 어떻게 협력과 존중을 이끌어낼 것인지에 집중하는 것이, 결과적으로 우리가 진정으로 원하는 교육적 성과를 얻을 수 있는 길이다. 나는 이러한 접근을 에크하르트 톨레(Eckhart Tolle)가 언급한, '어둠과 싸우는 대신에 빛을 들여오기'라고 표현하고 싶다. 이는 '단절과 대결하기'보다는 '연결하기'에, '수치심 자극'보다는 '공감'에 초점을 두려는 것이다.

공동체성을 강화하는 생활교육

기존의 생활지도가 권위를 전제로 한 처벌과 통제 중심이라면, 회복적 생활교육은 공감과 연결을 통한 관계와 공동체성 강화가 중심이다.

회복적 생활교육이란,

첫째, 회복적 정의의 교육적 접근이다.

회복적 정의는 응보적 사법의 한계에 대한 대안으로써 사법부에서 시작되었다. 응보적 사법이 가해자의 처벌에 집중하는 것에 비해서, 회복적 정의는 실질적인 피해의 회복에 초점을 둔다. 회복적 정의 운동은 1974

년 캐나다 온타리오 주의 작은 마을 엘마이라에서 시작된 '가해자-피해자 대화'가 계기가 되어 사법적인 대안으로 제시되었으나, 지금은 삶의 철학과 패러다임으로 이해되고 있으며 '회복적 실천' 또는 '회복적 생활교육'으로 발전하고 있다. 이처럼 회복적 생활교육이란, 회복적 정의 운동이 교육 분야로 확장된 것이다.

회복적 정의는 응보적 정의 개념과 구별되는 정의에 대한 새로운 패러다임이다. 응보적 정의란 잘못된 행동을 한 사람에게 응당한 고통(처벌)을 부여함으로써 정의가 실현된다는 신념이다. 이에 비해 회복적 정의는 처벌이 아니라, 발생한 피해가 당사자와 공동체 구성원의 참여를 통해 회복되었을 때 정의가 이루어진다는 신념이다.

《회복적 정의란 무엇인가》의 저자이자 회복적 정의의 아버지라고 불리는 하워드 제어는 응보적 정의와 회복적 정의를 다음과 같이 비교하였다.[3]

	응보적 정의	회복적 정의
주요 질문	– 어떤 법을 위반했는가? – 누가 범인인가? – 어떤 처벌이 합당한가?	– 어떤 피해가 발생했는가? – 누가 책임을 져야 하는가? – 피해자의 요구는 무엇인가?
특징	– 범죄는 국가와 법에 대한 침해다.	– 범죄는 사람과 관계에 대한 침해다.
핵심 초점	– 가해자가 합당한 처벌을 받는 것	– 피해를 회복하기 위한 피해자의 요구와 가해자의 자발적인 책임, 공동체의 참여

---

3   서정기, '학교 폭력에 따른 갈등경험과 해결과정에 대한 질적 사례연구', 연세대학교대학원교육학과 박사 논문, 2011년.

회복적 정의 실천가인 한국평화교육훈련원 이재영 원장의 말에 따르면, 회복적 정의는 '피해의 회복', '자발적 책임의 회복', '관계의 회복', '공동체의 회복', '정의의 회복'을 목적으로 한다.

둘째, 통제 중심이 아닌 존중과 자발적 책임, 공동체의 참여와 협력을 목적으로 한다.

응보적 신념에 기반한 생활지도는 통제와 응당한 처벌에 초점을 두기 때문에 권위를 중요시하게 되고 위계적 구조를 낳는다. 그에 비해 회복적 생활교육은 존중과 자발적 책임, 공동체 참여와 협력과 같은 내면의 힘을 키우는 데 초점을 두기 때문에, 결과적으로 힘을 공유하는 평등한 조직 구조를 강조하게 된다.

셋째, 관계성 향상을 통한 평화로운 공동체를 세우는 과정이다.

회복적 생활교육은 한마디로 '관계성 향상을 통한 평화로운 공동체 세우기'다. 권위적이고 처벌 중심의 생활지도에서 잘못은 '규칙을 어긴 것'이다. 규칙을 어긴 것에 대한 응당한 대가로 처벌을 통해 부정적인 행동을 억제하고자 한다. 반면에, 회복적 생활교육에서 다루려는 것은 규칙을 어긴 것으로 인한 '관계성 훼손'이다. 규칙은 개인과 공동체의 복지를 위한 수단인 것이지, 규칙 자체가 목적은 아니다. 부정적 행동에 대한 처벌에 집중하기보다는, 발생한 피해의 실질적인 회복을 위한 새로운 가능성에 초점을 둔다. 그리고 피해를 회복하는 과정은 곧 개인과 공동체가 성장하는 계기가 된다. 이처럼 회복적 생활교육의 핵심은 관계성과 공동체성이며, 안전한 관계 그물망을 만들어 평화로운 공동체를 세우는 것을 목적으로 한다.

학교 현장에서 '단절'이 아닌 '연결'이라는 과제를 어떻게 수행할 수 있을까? 이를 위해 회복적 생활교육이 전제하고 있는 철학과 실천 원칙을 이해하는 것은 중요하다. 다음에 제시되는 철학과 원칙들은 미지의 여행 속에서 길을 잃지 않고 회복적 생활교육을 탐색해 나갈 수 있는 나침반의 역할을 할 것이다.

신뢰와 존중이 깃든 생활교육

어둠과 싸우는 대신에 빛을 들여오기
– 에크하르트 톨레

철학은 삶에서 나침반과 같은 역할을 한다. 회복적 생활교육은 교육 프로그램이라기보다는 교육 철학에 해당한다. 회복적 관점을 지키기 위해서는 복잡한 학교와 교실 상황 속에서 익숙한 습관대로 행동하기보다 회복적 생활교육이 강조하는 철학과 원칙을 분명하게 이해하는 것이 중요하다. 회복적 생활교육이 담고 있는 철학은 '인간의 존엄성', '상호 의존적 존재', '내면의 지혜를 지닌 존재에 대한 신뢰'이다.

첫째, 모든 존재는 존엄하다.

모든 존재는 이 세상에 유일무이한 존재로, 그 자체로 존엄한 가치를 지닌다. 어떤 이유나 무엇으로도 존재의 존엄성을 침해할 수 없으며, 어떠한 상황에서도 존재를 존중하고 신뢰하는 태도로 대해야 한다.

둘째, 모든 인간은 상호 의존적 존재다.

인간은 관계적 존재로 상호 연결되어 있어서, 다른 사람의 도움 없이 홀로 살아갈 수 없다. 인간은 공동체를 이루고 살면서 도움을 주고받으며 서로 영향을 끼친다. 개인과 공동체는 대립적 관계가 아니며 상호 의존적 관계다. 서로 공존하기 위해 개인은 공동체의 약속을 존중하고, 공동체는 개인의 필요를 반영해야 한다.

셋째, 모든 인간은 내면의 지혜를 지녔다.

모든 사람은 내면의 지혜가 있어서 자기 문제에 대한 답을 스스로 지니고 있다. 인간은 한계와 가능성을, 악한 면과 선한 면을 모두 가지고 있다. 다만, 회복적 생활교육은 인간 내면의 선을 이끌어 내는 데 우선적 초점을 둔다. 부정적인 면에 집중하면 인간을 통제하거나 억압하려는 경향이 높아지지만, 긍정적인 가능성에 집중하면 인간에 대해 수용적이고 관용적이게 된다. 피그말리온 효과처럼 긍정적 접근이 결과적으로 더 많은 긍정적 효과를 이끌어 내는 것이다.

회복적 가치 안에 살기

회복적 관점에서 해볼 수 있는 다양한 실천 모델들이 회복적 가치와 단절되지 않기 위해서 회복적 생활교육은 몇 가지 원칙을 필요로 한다.

첫째, 배움을 위한 안전한 공간 만들기

물리적으로나 심리적으로 안전함을 느꼈을 때, 학생들은 가장 잘 배운다. 솔직한 자기표현으로 인해 비난받지 않을 것이며, 존중받을 것이라는 확신이 있으면 학생들은 마음껏 배움에 참여할 용기를 갖게 된다. 서로 다른 의견에 대해 존중받지 못하는 공간에서는 사고가 위축되며 지적 도전도 하지 않게 된다. 이런 의미에서 교사는 무엇보다 배움의 공간이 안전한 공간이 되기 위해 우선 노력해야 한다.

둘째, 관계 중심 지향하기

잘못은 규칙을 어긴 것이라기보다는, 규칙을 어김으로써 관계성이 훼손된 것이라 할 수 있다. 구성원 간에 발생한 모든 문제의 해결 과정은 관계성을 강화하는 방식이 되어야 한다. 학교 구조도 마찬가지다.

셋째, 공동체에 참여하기

문제 해결 과정에 공동체가 참여한다. 발생한 일은 당사자뿐 아니라 공동체 모두에게 영향을 끼치게 되며, 해결을 위한 책임도 공동체 모두에게 있다. 잘못된 행동은 모두가 함께 참여하는 과정을 통해 비로소 온전히 회복되며, 결과적으로 공동체가 더욱 단단하게 세워지게 되는 계기가 된다.

넷째, 내면의 힘을 부여하기

강압, 벌, 보상 등의 외부적 통제에 따라 행동하는 것이 아니라, 자기 성찰, 공감 능력, 공동체의 합의 능력, 합의를 존중하는 능력 등의 내면의 힘을 길러 스스로 자기 삶을 자율적으로 살아갈 수 있도록 한다. 이는 행동의 작동 원리가 두려움이나 수치심, 죄책감이 아니라 상호 존중과 공동체 복지에 기여하고자 하는 동기에 따라 행동을 선택하도록 교육하는 데 목적이 있다.

다섯째, 상호 존중하기

모든 인간은 존재 자체로 존엄한 가치를 지닌다. 학생들은 자신의 자율성을 다른 사람과의 상호 의존성과 동등하게 소중히 여기도록 배울 수 있어야 한다. 자신의 욕구를 충족하기 위해 다른 사람의 욕구를 희생시키지 않는 원-윈(Win-Win)의 문제 해결 방식을 탐구하도록 해야 한다.

여섯째, 힘을 공유하는 공동체 세우기

생동감 있는 공동체는 힘이 소수에 집중돼 있기보다, 구성원 모두가 동등하게 참여할 수 있는 힘을 공유하는 공동체다. 진정한 공동체는 개인의 필요를 반영하며, 전체주의와 개인주의를 넘어선 파트너십을 가진다. 공동체 구성원은 위계질서에 의한 지배 관계가 아닌 협력적 관계를 이루는 것이다.

일곱째, 갈등을 성장과 배움의 기회로 전환하기

갈등은 부정적이거나 긍정적인 것이 아닌, 인간 상호작용에서 발생하는 자연스러운 현상이다. 갈등이나 문제 행동을 교육적 소재로 삼고,

과정에서 배우려는 데에 초점을 둠으로써 성장의 기회가 되도록 갈등을 전환한다.

여덟째, 합의로 결정하기

합의 과정은 구성원 모두의 욕구가 충족될 수 있는 방법을 찾기 위해 탐구의 자세를 요구한다. 탐구의 자세란, 서로 다른 생각에 대해 호기심을 지니고 서로에게 무엇이 소중한지를 확인하고, 모두의 욕구를 충족할 수 있는 창의적인 방법을 찾아가는 것을 의미한다. 합의를 통한 의사결정은 일반적으로 다른 절차보다 결정하는 데에 시간이 더 걸리지만, 그것을 이행하는 단계에서는 시간이 덜 걸린다. 합의를 통한 의사 결정은 더욱 효과적이고 지속 가능한 동의를 만들어 낸다.[4] 회복적 생활교육의 원칙과 관련해서는 현장 사례와 함께 다음 장에서 다시 다루려 한다.

학교에 가져오는 회복적 실천들

회복적 생활교육의 목표와 방식을 교육 현장에서 구현하기 위한 실천 모델을 단계별로 제시하면 다음과 같다.

첫째, 공동체성 강화 단계

공동체성 강화 단계는 학교 구성원 전체를 대상으로 하며, 사회적·감정적 능력을 발달시키는 단계이다. 공동체를 세우고 회복적 문화 토양

4　케이 프라니스, 강영실 옮김, 《서클 프로세스》, KAP, 2012, 57쪽.

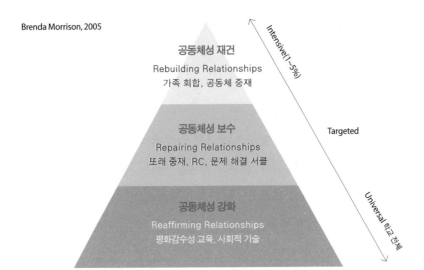

Brenda Morrison, 2005

공동체성 재건
Rebuilding Relationships
가족 회합, 공동체 중재

공동체성 보수
Repairing Relationships
또래 중재, RC, 문제 해결 서클

공동체성 강화
Reaffirming Relationships
평화감수성 교육, 사회적 기술

Intensive(1~5%)

Targeted

Universal 학교 전체

을 만들어 가는 예방적 차원의 과정이다. 공동체 구성원 간의 관계를 견고하게 하는 작업으로 특별히 교실 현장에서 담임교사의 역할이 중요하다. '감정 코칭', 비폭력 의사소통 훈련(NVC), 공동체 놀이, 서클[5] 회의, 학급 행사 등 학생들 사이의 관계를 높여줄 수 있는 정기적이고 지속적인 활동이 여기에 속한다. 특별히 공동체의 기본 바탕이 되는, 평등하고 민주적인 평화로운 교직 문화와 교육 주체인 교사 · 학생 · 학부모 간의 공동의 목표와 약속을 합의하는 것이 중요한 과제가 된다.

---

5   '서클(Circle)'은 인디언 전통에서부터 오래도록 내려오는 것으로, 둥그렇게 모여 앉아 '토킹 스틱(Talking Stick)' 또는 '토킹 피스(Talking Piece)'를 사용하여 동등하게 돌아가면서 말하는 방식이다. 전통 방식의 서클은 현대에 새롭게 해석되고 발전되면서 공동의 지혜를 모으는 새로운 커뮤니티 방식으로 널리 사용되고 있다.

둘째, 공동체성 보수 단계

특정한 사건과 제한된 학생들을 대상으로 하여 문제 해결을 목적으로 하는 이 단계에서는 일상에서 소소하게 발생하는 학급 구성원 사이의 갈등이나 학급 전체의 문제를 다룬다. 이때 적용 모델은 '회복적 서클'이나 '문제 해결 서클', '또래 중재' 등이 가능하다.

셋째, 공동체성 재건 단계

피해자와 가해자가 명확하고, 구체적인 피해 회복이 요구되는 문제 해결 단계이다. 학교 공동체 전체의 안전을 위협할 수도 있는 사안으로, 이 단계에서는 문제 해결 능력을 갖춘 외부의 조정자나 중재자의 개입이 필요하다. 적용 실천 모델로는 '피해자─가해자 내화 모임', '가족 회합', '조정위원회' 등이 있다.

학교 현장에서 가장 우선시하고 힘을 쏟아야 할 단계는 관계성이 훼손되기 이전인 '공동체성 강화' 단계다. '호미로 막을 것을 가래로 막는다.'라는 속담처럼, 예방하지 않고 사안이 터진 뒤 수습하려면 너무 많은 에너지가 들어가게 된다. 회복적 생활교육의 최종 목표는 학교와 교실 문화가 평화적으로 정착되는 것이다. 이를 위한 실천 모델은 여기에 제시한 것을 포함해 무궁무진하다. 전통 문화 속에 이미 녹아 있는 공동체적 실천 모델들을 회복적 관점에서 재해석하고 재구성할 수 있는 것들도 많다. 학생들의 관계성을 향상시키고 평화로운 공동체를 세워 나갈 수 있는 풍부한 자원과 자료를 앞으로 꾸준히 개발할 수 있다고 생각한다.

03

모두에게 안전한 학급으로 가는 길

모든 형태의 배움이 관계의 맥락에서 일어나는데,
배움은 한 학생이 안전을 느끼지 않는다면 발생하지 않는다.
- 박성용

등교하는 아이들 모습을 보면 참 다양하다. 은선이는 아침마다 책가방과 무거운 첼로, 신발주머니와 준비물 가방을 한 가득 몸에 걸치고 오는데, 흐느적거리며 교실에 들어와 한숨과 함께 책상에 털썩 주저앉는다. 서준이는 무표정 얼굴로 들어와서는 자리에 앉자마자 조용히 책과 공책을 꺼내서 자기 시간을 보낸다. 영석이와 근호는 신나게 떠들고 장난을 치면서 교실에 들어오다가 나와 얼굴이 마주치자 큰 목소리로 인사를 한다. 소희는 늘 혼자 교실에 들어오는데, 주변 사람들과 눈을 마주치지 않는다. 소희의 시선은 아래쪽으로 향하는 때가 많고, 다른 사람과 대화할 때면 눈동자를 올려다보는 버릇이 있다. 상범이는 씩씩거리면서 교실에 들어온다. 등굣길에 누군가와 티격태격했는지 얼굴이 붉게 달아올라 있다. 현아와 소연이는 복도에서부터 떠들며 오다가 책상 위에 가방만 올려놓고는 금방 다시 나간다. 그리고 화장실에 모여 못 다한 수다를 떤다. 화장실은 아이들에게 인기 있는 수다 장소다. 경식이와 민호는 다른 반에서 놀다가 아침 자습 시간 종이 칠 때쯤에 교실로 들어온다.

아이들은 제각각의 모습으로 학교에 온다. 그리고 똑같은 교복을 입고 똑같은 교과서로 같은 교실에서 정해진 시간표에 따라 하루를 보낸다.

자습 종이 치면 담임인 나의 잔소리 시간이 시작된다. "책상 줄 맞춰라, 책가방 똑바로 걸어 놔라. 바닥에 휴지 주워라, 교복 바르게 입어라, 유인물 내라, 옆 사람에게 말 걸지 말고 조용히 혼자 공부해라, 허리 똑바로 펴고 앉아라…." 그러고는 아침 자습이 끝날 무렵, 나는 오늘 하루 시작을 위한 마지막 멘트를 날린다. "수업 시작종 나기 전에 미리 교과서 챙겨서 자리에 앉고, 수업 시작하면 딴짓하지 말고 집중해서 공부해라, 알았지? 이상 조례 끝!" 그렇다. 나는 아이들을 관리 감독하는 사람이다. 하루 일과를 아무 탈 없이 보낼 수 있도록 일일이 감시하고 감독한다.

하지만, 아이들은 내 맘대로 움직이지 않는다. 학생 몇몇은 수업 중에 떠들어서 지적받고, 쉬는 시간에는 좁은 책상 사이를 뛰어다니다가 걸려 넘어지고 책상도 엎어지고, 수업 시작종이 친 뒤에야 땀범벅이 된 채 교실에 들어온다. 한편에서는 하루 종일 자기 책상 반경을 맴돌며 따분한 시간을 보내는 학생도 있다.

그런 아이들로 인해 나는 간혹 쉬는 시간에 교실에 들어가서 아이들을 긴장시키고 온다. "수업 종 났는데 아직도 돌아다녀? 빨리 앉아!" "집중해라!" "정신 차려!" "도대체 뭐가 문제야?" 이런 나의 잔소리에 아이들의 반응은? 멍한 얼굴 표정만 지을 뿐이다.

학생들의 내면을 보다

아이들은 다양한 내면의 정서를 지니고 학교에 온다. 과한 일정으로 아침부터 지쳐 있는 은선이, 특별할 것도 없는 하루 일과를 무덤덤하게 시작하는 서준, 야구 경기 이야기로 흥미진진해진 영석과 근호, 학교가 외롭고 두려운 소희, 잦은 갈등으로 신경이 곤두세워져 있는 상범이, 하루를 수다로 가볍게 시작하고픈 현아와 소연이, 에너지를 발산하며 신나게 놀고픈 경식이와 민호…. 몸은 교실에 있지만 그들의 내면은 아직 교실에 와 있지 않다. 아이들은 그들 내면의 세계인 지침과 무덤덤함, 흥미진진함, 두려움, 신경 곤두세워짐, 흥미로움에 머물면서 교실 한쪽 공간에 자기 몸뚱이만 간신히 디밀고 있을 뿐이다.

한마디로 그들은 공부할 마음의 준비가 되어 있지 않다. 공부는 머리로 하는 거라고 착각하지만, 성찰이 있는 배움은 지성, 감성, 영성이 상호 작용한 결과이며, 배움은 물리적·심리적으로 안전한 공간이 아니라면 일어나지 않는다.

미국의 교육학자 알피 콘은 학생들의 지적 도전과 사고의 확장을 위해서는 반드시 안정감이 필요하다고 주장한다.

"학생들은 지적인 도전을 하기 위하여 안정감을 느낄 필요가 있다. 학생들은 불안한 영역에 도전하기 전에 마음이 편해야 한다. 자신이 판단되거나 창피당하는 두려움 같은 것은 없어야 한다. 따라서 지원적인 환경은 모든 연령의 사람들이 자신들의 사고를 확장할 수 있는 도전을 하게 하고, 가능성을 마음껏 발휘할 수 있게 할 것이다."[6]

교사들은 수업을 위해 시청각 자료나 다양한 수업 방법들을 준비하기 위해 많은 시간을 보낸다. 그리고 교사가 준비한 수업을 학생들이 고분고분 따라오기를 바란다. 만약 학생들이 교사의 의도대로 따라와주지 않으면 '공부하기 싫어하고, 놀기만 좋아하는, 의욕이 없는' 학생들 탓을 한다. 하지만, 수업은 학생들만의 문제가 아니다. 많은 문제 원인이 학생들 밖에 있다. 교사가 수업을 준비한다는 것은 무엇을 의미하는가? 교과서와 시청각 자료, 다양한 수업 자료와 기술들을 준비하는 것이 전부가 아니라는 것이다. 미국의 교육학자이자 운동가인 파커 파머는 '가르침이란 배움의 공간을 창조하는 일이다'라고 했다. 수업 자료와 기술을 준비하는 것은 아주 작은 일부분에 지나지 않는다. 교사는 배움을 위한 물리적 공간, 지적 공간, 정서적 공간을 준비해야 하며, 무엇보다 배움의 도전을 위해 정서적으로 안전한 공간을 만드는 데 많은 시간을 투자해야 한다.

배움이란, 본질적으로 상호작용적이다. 그래서 구성원 사이의 관계성이 안정적이지 않다면, 어떠한 배움도 일어나지 않는다. 이런 이유로 일방적으로 교사가 준비한 수업을 학생들에게 하도록 하는 수업이 제대로 작동되지 않는 것은 당연한 결과다. 교사는 진정한 배움이 일어나도록 하기 위해 안전한 내면의 공간을 만들기 위해 노력해야 한다. 이를 위

6 　알피 콘, 김달효 옮김, 《훈육의 새로운 이해》, 시그마프레스, 2005, 148쪽.

해 무엇을 할 수 있을까? 자기 내면에서 일어나고 있는 일들을 알아차리고, 표현할 수 있는 기회를 제공하는 것이 필요하다.

말하자면 은선이의 지침, 소희의 두려움, 영석과 근호의 흥미진진함, 상범이의 신경이 곤두세워짐 등 각자 내면의 풍경들을 스스로 알아차리고 공동체에서 안전하게 자기 내면의 진실을 표현하고 또 수용되는 경험이 중요하다. 이러한 내면의 이야기들이 어떻게 학급 안에서 안전하게 표현되고 공유될 수 있는지 몇 가지 활동을 소개해본다.

"지금 느낌이 어때?" – '체크 인' '체크 아웃' 서클

평화롭고 안전한 관계를 맺을 때 배움이 시작된다. 안전한 관계성을 만들기 위해 간단하게 학급 조례나 종례 시간을 활용할 수 있는 활동이 바로 '체크 인' 서클 또는 '체크 아웃' 서클이다.

'체크 인'과 '체크 아웃'은 '알아차림 → 자기표현 → 공감'의 과정으로 진행된다. 체크 인 서클은 하루 일과를 시작할 때, 또는 한 주를 시작할 때 적용해볼 수 있다. 체크 아웃은 하루를 정리하거나 한 주를 마무리할 때 적합하다. 자신의 정서적 감각이나 욕구를 알아차리고, 알아차린 내면의 이야기를 친구들에게 표현한다. 이를 통해 학생들은 자기 자신을 공감하게 되는 계기가 될 뿐 아니라, 타인을 공감하게 되는 기회가 된다.

1) 느낌 알아차리고 표현하기

현재 나의 몸과 마음 상태가 어떤지 자각하고 표현하는 과정을 통해, 자신을 더욱 돌볼 수 있게 된다.

① 1분 정도 조용히 침묵의 시간을 갖는다. 침묵하는 동안 내 몸과 마음(느낌)을 살핀다.

② 느낌 단어 목록표나 느낌 이미지를 준비해서, 학생들이 이를 활용하여 자신의 느낌에 가까운 단어나 이미지를 찾도록 한다.

③ 돌아가면서 현재 자신의 몸 상태나 느낌을 말한다.

"지금 내 느낌은 ⋯." "지금 내 몸은 ⋯."

④ 다른 사람의 느낌 표현을 존중하는 마음으로 경청한다.

학급 전체가 돌아가면서 느낌만 말하면, 한 사람당 10초 이내로 끝날 수 있다. 만약 느낌만 말하는 것이 아니라 그런 느낌이 드는 이유까지 나누고자 한다면, 4~5명씩 한 모둠을 만들어서 모둠별로 나누는 것도 좋다.

2) 자신에게 중요하거나 필요한 것을 알아차리고 표현하기

현재의 느낌과 몸 상태가 인지되면, 그 느낌의 원인에 대해 자각할 수 있게 된다. 예를 들어 '피곤한' 느낌이라면 자신에게 중요하거나 필요한 것은 휴식이나 여유, 또는 건강일 것이다. 느낌을 알아차리는 활동이 어느 정도 익숙해지면, 욕구를 찾아보는 활동도 해볼 수 있다. 이 활동은 특별히 서로의 필요를 발견할 수 있어서 서로에 대한 배려와 협력을 이끌어낼 수 있다.

① 1분 정도 마음을 차분히 가라앉히고 침묵한다.

② "지금 이 순간 내게 중요하거나 필요한 것은 무엇인가?" 또는

"왜 나는 이 순간에 지금 여기에 있는가?"를 스스로에게 질문한다.

③ 욕구 단어 목록표를 참고해서 자신의 욕구를 찾는다.

④ 돌아가면서 자신에게 중요한 것을 표현한다.

"지금 내게 중요한 것은 …" "지금 내게 필요한 것은 …."

⑤ 다른 사람의 이야기를 존중하면서 마음으로 경청한다.

3) 열린 질문을 통해 서로의 차이를 발견하고 존중하기

답이 주어지지 않은 열린 질문은 서로의 다양한 관점을 발견하고 차이를 존중하는 시간이 될 수 있다. 또한 자신이 미처 생각해보지 못한 다른 사람의 성찰을 듣는 것은 나 자신에게는 새로운 배움의 계기가 된다.

① 열린 질문을 한다.

② 질문에 대해 생각하는 시간을 갖는다.

③ 돌아가면서 자기 이야기를 한다.

④ 다른 사람의 이야기를 존중하면서 경청한다.

열린 질문의 예)

- 오늘 하루 중에 기억에 남는 것은?

- 배운 내용 중에서 새로 알게 된 것은?

- 새롭게 도전해본 것은?

- 이번 주 나의 최고 뉴스는?

- 지금의 나를 계절(날씨)로 표현한다면?

– 이 글에서 다가오는 문장이나 단어는?

위 활동은 '배움을 위한 안전한 공간 만들기'의 일환이다. 학생들이 스스로 자기 내면을 알아차리고 친구들에게 표현하는 활동인데, 자신의 내면을 드러낸다는 것은 매우 조심스럽고 어려운 일이다. 이 역시 교실 공간이 안전하지 않다면 어려운 활동이다.

> "마음속 깊은 곳의 느낌과 욕구를 드러내야 하는 것이 어렵게 느껴질 수도 있다. 하지만, 다른 사람과 먼저 공감대를 형성하면 자기표현도 쉬워진다. 왜냐하면 상대방의 인간적인 측면을 접하게 되고, 우리 모두가 공유하는 공통점을 알게 되기 때문이다. 다른 사람의 말 뒤에 있는 느낌과 욕구에 연결하면 할수록 다른 사람에게 마음을 여는 것에 대한 두려움도 줄어든다."[7]

비폭력 대화의 창시자 마셜 B. 로젠버그의 말처럼, 짧은 시간이지만 서로의 마음을 공유하는 기회는 안전한 공간을 만드는 데 중요한 역할을 한다. 그렇지만 서로에게 감정을 표현해본 경험이 많지 않아서 내면을 드러내기를 어려워하는 것이 현실이다. 이를 위해서 반드시 선행되어야 할 몇 가지 약속들이 있다.

---

7 마셜 B. 로젠버그, 캐서린 한 옮김, 《비폭력 대화》, 한국NVC센터, 2011, 190쪽.

안전한 공간을 위한 공동체의 약속

① 깊이 있게 듣기 : 다른 사람이 말할 때, 그 사람의 이야기를 평가하거나 판단
하지 않고 경청한다. 내 생각과 다를지라도, 그 사람의 경험은 그에게 진실임
을 존중한다.

② 솔직하게 말하기 : 다른 사람들에게 듣기 좋은 말을 하기 위해 마음에 없는 말
을 하게 되면 내면이 공허해지고 지치고 즐겁지 않다. 마음에 있는 내면의 진
실을 말하는 것이 중요하다. 이를 위해 자신의 느낌과 중요하게 여겨지는 것
을 진정성 있게 이야기한다. '나(I)-진술' 방식으로 말한다.

③ 말하는 중간에 끼어들지 않기 : 말할 때 토킹 피스를 사용하고, 토킹 피스를
가진 사람만 말할 수 있다.

④ '통과'를 선택할 수 있기 : 말할 준비가 되지 않았을 때 '통과'를 선택할 수 있
고, 말할 준비가 되었을 때 다시 말하기를 선택할 수 있다.

⑤ 사적인 비밀을 지켜주기 : 학급에서 나눈 이야기는 밖에 나가 다른 사람에게
하지 않는다. 비밀을 보장한다.

⑥ 모든 사람의 목소리가 들리도록 하기 : 한 사람 한 사람의 목소리를 소중하게
여긴다.

체크 인, 체크 아웃 서클은 매우 간단하면서도 교실 공간을 안전하게
만드는 데 효과가 뛰어나다. 안전하고 관대함이 있는 공간일수록 배움이
확장되고, 개인 성장뿐 아니라 공동체의 협력도 커진다. 교사가 배움의
공간을 만들 때 가장 우선적으로 노력할 부분이 정서적으로 안전한 공간
을 만드는 일이다. 그 이후에는 어떤 수업 기술을 적용하든지 학생들에

게 의미 있게 작동될 것이다.

느낌말 목록(Feeling)

욕구가 충족되었을 때	욕구가 충족되지 않았을 때
기쁜, 행복한, 흥분된, 희망에 찬, 즐거운, 만족한, 환희에 찬, 반가운, 용기 나는, 생생한, 안심이 되는, 감동받은, 자랑스러운, 의기양양한, 힘이 솟는, 기대에 부푼	슬픈, 외로운, 힘든, 우울한, 압박당하는, 거리감 느끼는, 소외감 느끼는, 낙담한, 자신을 잃은, 서운한, 섭섭한, 실망한, 마음이 아픈, 속상한, 비참한, 괴로운, 쓸쓸한
평화로운, 고요한, 진정되는, 흡족한, 축복받은, 안정된, 차분한, 마음이 가라앉은, 명확해진, 열중한, 수용하는, 침착한, 축복받은, 안정된, 조용한	겁나는, 두려운, 무서운, 놀란, 긴장한, 신경이 쓰이는, 불안한, 괴로운, 소름이 끼친, 회의적인, 초조한, 걱정스러운, 떨리는, 조마조마한, 진땀이 나는
사랑하는, 정다운, 따뜻한, 부드러운, 친근한, 관심 있는, 호의적인, 정을 느끼는, 흥미 있는	화가 나는, 미치겠는, 돌아버릴 것 같은, 격노한 (노발대발), 적개심, 억울한, 분개한, 혐오스런, 귀찮은, 낙담한, 열 받는
자부심/자신감 있는, 긍지를 느끼는, 뿌듯한, 당당한, 자랑스러운, 자신만만한, 확신하는	좌절한, 혼돈된, 주저하는, 근심하는, 괴로운, 불안한, 수치스런, 걱정되는, 절망스러운
활기 있는, 쾌활한, 명랑한, 회복된, 생기가 도는, 열의가 있는 원기가 왕성한, 들뜬, 기력이 넘치는, 밝은, 살아 있는, 상쾌한, 황홀한, 대담한, 열정적인	피곤한, 지친, 무기력한, 침울한, 냉담한, 무관심한, 지루한, 질린, 압도당한, 안절부절못하는, 무감각한, 마음이 무거운, 고단한, 답답한
흥미/몰입된, 매혹된, 궁금한	불편한, 마음 아픈, 불안한, 비참한, 마음이 상한, 근심스런, 난처한, 무안한, 당혹스런, 지겨운
편한, 쉬는, 긴장이 풀린, 흐뭇한, 기운이 나는, 감사한, 고마운	

느낌으로 혼동하기 쉽지만 느낌이 아닌 것들

강요당한	버림받은	이용당하는
거절당한	오해받은	인정받지 못하는
공격당한	위협당하는	조종당하는
궁지에 몰린	의심받은	학대받은
따돌림 당하는	무시당한	협박당하는

욕구 목록(need)

자율성
자신의 꿈, 목표, 가치를 선택할 수 있는 자유,
자신의 꿈, 목표, 가치를 이루기 위한 방법을
선택할 수 있는 자유

신체적/생존
공기, 음식, 물, 주거, 휴식, 수면, 안전, 신체적
접촉(스킨쉽), 성적 표현, 따뜻함, 부드러움,
편안함, 돌봄을 받음, 보호받음,
의존(생존과 안전), 애착 형성, 자유로운
움직임(이동), 운동

사회적/정서적/상호 의존
주는 것, 봉사, 친밀한 관계, 유대, 소통, 연결,
배려, 존중, 상호성, 공감, 이해, 수용, 지지,
협력, 도움, 감사, 인정, 승인, 사랑, 애정, 관심,
호감, 우정, 가까움, 나눔, 소속감, 공동체,
안도, 위안, 신뢰, 확신, 정서적 안전, 자기
보호, 일관성, 안정성, 정직, 진실, 예측 가능성

놀이/재미
쾌락, 흥분, 즐거움, 재미, 유머

삶의 의미
기여, 능력, 도전, 명료함, 발견, 인생 예찬
(축하, 애도), 기념, 깨달음, 자극, 주관을 가짐
(자신만의 견해나 사상), 중요성, 참여, 회복,
효능감, 희망

진실성
진실, 성실성, 존재감, 일치, 개성, 자기존중,
비전, 꿈

아름다움/평화
아름다움, 평탄함, 홀가분함, 여유, 평등, 조화,
질서, 평화, 영적 교감, 영성

자기 구현
성취, 배움, 생산, 성장, 창조성, 치유, 숙달,
전문성, 목표, 가르침, 자각, 자기표현

한국NVC센터 홈페이지 www.krnvc.org 에서 활용

서로 존중하는 관계일 때 받는 선물

삶을 풍요롭게 하는 교육을 받은 학생들은 자신의 자율성과 다른 사람과의
상호 의존성을 동등하게 소중히 여기도록 배울 것이며, 자신이 몸담고 살아가는,
삶을 풍요롭게 하는 체계를 만들어 가는 기술을 배울 것이다.
– 마셜 B. 로젠버그

존중해주면 기어오른다?

교직 내에서 불문율처럼 내려오는 몇 가지 생각들이 있다. '3월에 아
이들을 꽉 잡아야 1년이 편하다.' '아이들을 처음에는 꽉 잡고 천천히 풀
어주어야 나중에 선생님에게 고마운 줄 안다.' '아이들은 존중해줄수록
이기적이게 되고, 나중에는 기어오른다.'

그럼에도 불구하고 초등학교 6학년 담임을 맡고 있는 박 선생님은
아이들에게 '존중'을 몸소 실천하기로 결심했다. 3월 첫날부터 아이들에
게 지시하기보다는 아이들의 의견을 물었다. 아이들은 그런 선생님이 새
롭고 좋았다. 그렇지만 학교 짱인 여학생은 선생님의 태도가 의심스러
웠고, 그래서 선생님을 시험해보기로 했다. 선생님 의견이나 반 전체 의

견에 혼자 반대하거나, 톡톡 쏘는 말투로 대답했다. 그런데도 변함없이 존중의 태도를 보여주시는 선생님을 보고 짱인 여학생도 조금씩 말투가 변하기 시작했다.

문제는 4월에 접어들면서였다. 학급은 유난히 소란스러워졌다. 어느 날 학생들이 선생님에게 바깥놀이 시간을 요청했는데, 선생님은 "오늘은 안 돼."라고 대답했다. 그러자 아이들이 자신들의 의견을 존중해주지 않는다며 선생님에게 항의하기 시작했고, 심지어 어떤 학생은 선생님을 '독재자'라고까지 표현했다. 다른 반에 비하면 박 선생님은 누구보다 더 민주적이고 수용적인데, 독재자라니. 아이들은 선생님의 선한 노력에 대해 전혀 고마워하지도 않고, 오히려 이기적으로 변해가는 것 같았다. 학급은 갈수록 와글와글해지고, 아이들은 자기 의견만 주장한다. 그런 아이들 태도에 박 선생님은 기운도 빠지고 후회가 된다. '역시 3월에 아이들을 꽉 잡아야 했나보다.'

분노를 억누르는 교사

새로 전학 온 중3 여학생은 수업 시간 내내 거울을 꺼내놓고 본다. 하루 이틀도 아니고, 교사로서 그 모습을 볼 때마다 화가 나고 불쾌하다. 그날도 그 여학생은 거울을 보며 화장을 고치고 있었다. 순간 너무 화가 나서 수업을 중단하고 그 여학생 앞으로 걸어갔다. 그리고 이렇게 말했다. "○○야, 거울이 그렇게 좋아? 예쁜 얼굴로 선생님 좀 봐줄래?" 나는 끓어오르는 분노를 간신히 억누르고, 최대한 재미와 위트 어린 말투를 사용하기 위해 노력했다. 아이는 아무 대꾸도 하지 않았고, 여전히 거울을 보았다. 나는 다시 수업을 시작했다. 아이는 나의 지시대로 거울을 바로 집어넣고 수업에 집중하는 태도를 보이지는 않았지만, 그 이후로 나름 자제하는 태도를 보여주었다. 하지만, 아이의 손에서 거울이 떠나지는 않는다. 처음보다는 거울을 꺼내놓는 행동을 자제해주는 것 같아서 마음이 놓이기는 하지만, 여전히 내 마음은 속상하고 화가 난다. 사실 나는 그때 매우 화가 났고, 그 아이에게 속으로 이렇게 외치고 있었다. '야! 당장 거울 집어넣어! 여기가 학교지, 미용실이야?' 나도 매우 성깔 있는 사람이다. 그렇게 소리치는 모습이 원래의 나다. 그런데 그날 나는 그 아이에게 다가가다가 갑자기 교감선생님의 말씀이 떠올랐다. "우리 학교는 혁신학교입니다. 아이들을 절대로 혼내지 마시고, 친절하게 말하세요." 순간적으로 나는 나의 태도를 바꾸고, 나름 재미있는 말투로 상황을 바꿔보려고 노력하며 말했던 것이다. 짧은 순간이었지만, 나는 그 아이와 관계를 깨는 것은 도움이 되지 않을 것이라고 판단하고, 차라리 화를 참고 좋은 말로 말해보자고 생각했던 것 같다. 결과적으로 화를 내는 것보다는 도움이 되었던 것 같다. 하지만 그건 내 솔직한 마음은 아니었다. 나는 나의 감정을 속이고 있었다. 왠지 비굴하게 느껴진다. 뭔가 잘못되진 않았나? 많은 의문들이 떠오른다. 이렇게 하는 것이 옳은가? 그것이 교육적인가? 과연 아이들을 어디까지 존중해야 할까?

서로를 존중한다는 것

"교육에 비법이 있다면, 그것은 학생 존중에 있다."[8]고 미국의 철학자 랄프 왈도 에머슨(Ralph Waldo Emerson)은 말했다. '학생을 존중한다'라는 말은 교사에게 어떤 의미로 다가오는가? 교사들마다 대답이 다르겠지만, 많은 경우에 '학생의 의견대로 하도록 허용한다'와 닮아 있는 것 같다. 그래서 교사들은 '학생을 존중한다'는 것이 좋은 말이긴 한데, 위험해 보이고 교육적인지도 의심스럽고, 어디까지 존중해주어야 하는지 고민스럽다고 말하곤 한다.

존중이란 무엇인가? 수라 하트(Sura Hart)는 "존중이란 말의 핵심 의미는 '살핀다'이다. 상대방을 존중한다는 것은 그들이 하는 경험을 살펴보는 것, 특히 그들이 갖고 있는 느낌과 욕구를 살피는 것이다."[9]라고 말한다. 이처럼 존중은 '허용한다'의 의미보다는 '살핀다'에 더 초점이 가 있다. 가령, 초등학교 6학년 아이들이 바깥놀이를 하자고 할 때, 아이들의 필요는 아마도 재미있게 지내는 것, 생기나 활력, 친구들과의 친밀한 시간, 자율적인 움직임, 또는 쉬고 싶은 마음 등등일 것이다. 교사가 그러한 학생들의 마음과 필요를 진정으로 알아주고 살펴주는 것이 존중이다.

그런데, 회복적 생활교육에서 강조하는 존중은 '상호 존중'을 의미한다. 인간은 서로 영향을 주고받는 상호 의존적 존재이기 때문에 우리는 서로의 필요를 살펴주어야 한다. 그래서 교사는 학생들의 마음을 알

---

8   로레인 수투츠만 암스투츠·쥬디 H. 뮬렛, 이재영, 정용진 옮김, 《회복적 학생생활지도》, KAP, 17쪽.

9   수라 하트·빅토리아 킨들 호드슨, 정채현 옮김, 《내 아이를 살리는 비폭력대화》, 아시아코치센터, 41쪽.

아주고 살피는 것에서 끝나는 것이 아니라, 학생들에게도 교사의 마음과 필요를 알아줄 수 있는 기회를 제공해주어야 한다. 그래야 상호 존중을 배울 수 있다. 이를 위해 교사는 자신의 마음과 필요를 알고, 학생들에게 표현해주는 것이 도움이 된다. 즉, 갑작스런 학생들의 바깥 놀이 제안에 난감하기도 하고, 주어진 수업 진도를 마쳐야 하는 교사의 마음과 필요를 알려주는 것이다.

상호 존중은 승패(勝敗)를 가리는 것이 아니라 승승(勝勝)을 취하는 원리다. 이는 어느 한쪽의 필요도 희생되지 않으면서 모두의 욕구가 충족될 수 있도록 새로운 가능성을 탐구하는 창의성과 협력을 요구한다. 그래서 학생들에게 자기주장만 하도록 하는 것이 아니라, 교사의 필요와 마음을 고려하여 함께 협력할 수 있는 방법을 찾도록 도와주어야 한다. 그럴 때 학생들이 진정한 의미의 '존중'을 배우게 된다.

'학생들의 요구를 어디까지 존중해야 하는가?'에 대해서 자연스럽게 답할 수 있을 것 같다. 개인의 요구는 타인과 공동체를 함께 존중할 수 있는 범위 내에서 조율이 되어야 한다. 학생들이 바깥놀이를 하고 싶어 하는 것은 옳고 그름의 문제가 아니다. 하지만 우리 반의 예정되지 않았던 바깥놀이 결정이 어떤 영향을 끼치는지 살펴봐야 한다. 그러한 과정을 통해 학생들은 교사의 필요도 존중하고 학교 공동체도 존중하는 것을 배우게 될 것이다.

존중 이끌어 내기

존중을 어떻게 이끌어 낼 것인가? 존중을 이끌어 내기 위한 첫 번째 실천은 교사가 존중하는 삶을 실천하는 것이다. 학교에서는 항상 존중의 가치를 가르쳐 왔다. 하지만 존중의 가치를 말이나 글로 가르치는 것은 아무런 교육적 효과가 없다. '존중'은 삶으로 가르치는 것이다. 교사가 학생들을 존중함으로써 학생들은 존중을 경험하고 배우게 된다. 존중을 배우는 데 방해가 되는 것은 '말대꾸하지 마', '하지만 ~해야만 해', '해서는 안 돼', '시키는 대로만 해'와 같은 지배적이고 권위적인 교사의 태도이다. 교사가 학생을 지배하고자 하는 '~하게 하는' 태도에서 벗어나서 학생들과 힘을 나누고 '함께 하는' 삶의 모습을 보여주어야 한다.

존중을 이끌어 내기 위한 두 번째 실천은 솔직한 자기표현이다. 수업 시간에 거울을 보고 화장하는 여학생을 보고 매우 화가 났지만, 교사는 화를 억누르고 친절하게 말하기 위해 노력했다. 당장 분노하지 않음으로써 관계를 악화시키지는 않았지만, 교사는 자신의 솔직한 감정을 속이고 마음에 없는 말을 했기 때문에 자신이 비굴하게 여겨지고 가슴이 답답해진다. 지금 당장은 아이와의 관계성이 훼손되지 않은 것처럼 보이지만, 이런 과정이 되풀이될수록 아이와 진실한 관계 맺기가 불가능할 뿐 아니라, 교사 자신도 자기 분열과 공허함으로 힘들어진다. 나는 어떻게 느끼고 있는지, 무엇을 원하는지 말하는 것이다. 솔직하게 말하지 않으면서 상대가 내 마음을 알아주길 바라는 것은 불가능한 일이다. 수업 중에 거울을 보고 화장하는 여학생에게 교사의 욕구를 적극적으로 말하는 것이 중요하다. "거울을 보고 있는 모습을 보니 신경이 쓰인다. 선생님은 집중할 수 있는 학습 분위기를 만드는 것이 중요해."

존중을 이끌어 내기 위한 세 번째 실천은, 학생도 솔직하게 자기표현을 할 수 있도록 격려해주어야 한다. 학생으로 하여금 진실을 말하도록 돕기 위해서는 학생이 심리적으로 교사의 힘에 눌리지 않고 자유로워야 하며, 안전하다는 믿음이 있어야 한다. 학생이 자기 진실을 말할 수 있을 때에야 비로소 교사와의 진정성 있는 소통과 관계성이 가능하다. 그랬을 때 서로의 필요를 공감하고 협력할 수 있게 되는 것이다. 학생의 욕구를 희생시키는 방식으로는 교사가 진정으로 존중받을 수 없다. 이를 위해 교사는 학생이 수치심이나 처벌에 대한 두려움으로 마음의 문을 닫지 않도록 해야 한다.

존중을 위한 네 번째 실천은 새로운 가능성 찾기다. 인간은 보통 자극을 받을 때 공격하거나 얼어붙거나 회피하는 반응을 하게 된다고 한다. 새로운 가능성 찾기는 누구의 욕구도 희생되지 않으면서 모두 충족될 수 있도록 하는 창의적인 해결 방식에 대한 탐구의 과정이다. 모두의 욕구를 존중하면서 새로운 가능성을 찾는 것에 도움을 주는 의사소통 방식으로 '비폭력 대화'가 있다. 마셜 B. 로젠버그에 의해 창안된 비폭력 대화는 적대감 없이 서로를 존재 그대로 바라보는 관계성을 형성하고, 자신의 욕구와 상대의 욕구를 동등하게 존중하면서 모두가 만족할 수 있는 방법으로 대화하는 것이다. 비폭력 대화는 서로 마음에서 주고받는 대화를 위해 다음과 같은 네 가지 요소를 의식하고 대화한다. 비폭력 대화는 연민의 언어라고도 표현한다.

관찰 (평가와 구분되는)	그때그때의 상황을 관찰로 "있는 그대로" 보기
느낌 (생각과 구분되는)	그 상황에서 자신의 느낌을 자각하기

욕구 (수단과 구분되는)	그 느낌 뒤에 있는 욕구를 발견하기
부탁 (강요와 구분되는)	상대가 즐거운 마음으로 들을 수 있게 부탁하기

학생과 있었던 사례다. 수업을 마치고 교무실로 돌아가는 길인데, 노트북과 함께 짐이 너무 많았다. 그래서 교실에 있던 여학생에게 부탁을 했다.

교사 : ○○야, 이 노트북을 교무실에 가져다놓을래?

학생 : 싫어요.

교사 : …. '싫어요'라는 말을 들으니 서운하네, 선생님은 도움이 필요했는데. 너는 어떻게 생각해?

학생 : 저는 교무실에 정말 가기 싫어요.

교사 : 아, 너는 교무실에 가는 게 불편하구나.

학생 : 네. 교복 치마도 신경 쓰이고.

교사 : 그렇구나. 너는 교무실에 가는 것이 불편하고, 선생님은 도움이 필요하고. 어쩌지?

학생 : 선생님, 제가 교무실 앞까지는 가져다 드릴 수 있어요. 그건 어떠세요?

교사 : 좋은 생각이야. 선생님에게는 큰 도움이 된단다. 정말 고마워.

교사의 욕구인 '도움'과 학생의 욕구인 '안전, 평안함' 어느 것도 희

생되지 않으면서 모두 충족할 수 있는 방식인 '교무실 앞까지 심부름'이라는 제3의 길을 찾을 수 있었다.

상호 존중의 실천에 있어서 중요한 한 가지는 서로의 차이에 대해 환대와 호기심 어린 마음을 갖는 것이다. 세상의 누구도 동일하지 않기 때문에, 공동체 내에서의 갈등이 발생하는 것은 당연하다. 차이로 인해 우리는 긴장과 갈등을 경험하기도 하지만, 차이로 인해 서로의 삶을 성찰하게 되고 삶의 풍성함도 경험할 수 있다.

그러기 때문에 상호 존중을 위해서 우리는 '차이'를 환영하고 호기심의 마음으로 바라볼 수 있는 힘이 필요하다. 마셜 로젠버그에 의하면 'NO'라는 것은 좌절된 욕구에 대한 'YES'다. 노트북을 교무실에 갖다 놔달라는 부탁에 대해 '싫어요'라고 한 학생의 답변은 '안전과 편안함'에 대한 YES였던 것이다. 교사는 NO의 목소리 뒤에 있는 학생의 진짜 욕구에 호기심을 가져야 한다.

시간이 걸리더라도 서로에게 소중한 것이 무엇인지 솔직하게 자기를 표현하고 존중의 과정을 통해 학생을 통제하기보다는 협력을 이끌어내기를 권한다.

3장

회복이 있는
학급 공동체 만들기

01

아픔을 같이하고 함께 나아가다

열대우림에서는 어느 생명체든 모두 완전히 참여하고,
모두 자기 자원을 전부 재활용하면서 협력하고 일하며, 모든 생산과 서비스는
모든 생명체가 건강하게 살아남을 수 있는 방식으로 분배한다. 그것이 지속가능성이다.
– 엘리자벳 사투리스(Elisabet Sahtouris)

중1 민호는 다른 사람을 직접 괴롭히기보다 자신보다 약한 친구들을
시켜서 더 약한 친구들을 괴롭혔다. 티격태격하는 친구들 사이에 껴서 싸
울 일을 말로 하느냐며, 싸움을 독려하는 일도 있었다. 그런 일로 인해서
혼나는 사람은 민호가 아니었기 때문에 민호의 잘못은 늘 그렇게 가려졌
다. 뚜렷하게 증거를 보이지 않는 민호를 지도하는 일은 쉽지 않았다. 더
군다나 민호는 많은 사람 앞에서 혼나는 것을 매우 자존심 상해했다. 그
래서 되도록 민호는 많은 학생들 앞에서 훈계하기보다는 주로 개별 상담
을 통해 지도했다. 개별 상담을 하면서 행동에 주의를 주면, 대답도 잘하
고 약속도 잘했다. 하지만 학급에 돌아가면 다른 아이로 변했다. 학급의
아이들은 어느 순간부터 담임교사보다 민호의 눈치를 더 보기 시작했고,

학급의 힘은 서서히 민호에게로 집중되어 가고 있었다.

많은 아이들 앞에서 민호의 체면을 지켜주기 위해 나름 개별 상담으로 해결해 오고 있는데, 뭔가 잘못되어 가고 있는 것 같았다. 나의 최선은 엉뚱한 결과로 내게 돌아오고 있었다. 학급 분위기는 쉽게 서로를 돕고 배려하는 방향으로 가지 않았다. 여전히 왕따를 당하는 여학생은 친구들과 어울리지 못했고, 민호 중심으로 남자 아이들이 모여들면서 학급 내에 권력 구조가 만들어지고 있었다. 1년 동안 큰 사고는 없었지만, 학급 안에서 긴장감과 냉랭함을 벗어나지 못하고 살얼음을 걷는 듯 하루하루를 지내야 했다. 참담하다. 민호를 힘으로 눌렀어야 했나? 이런 상황에서 담임으로서 어떻게 대처해야 하나?

동등한 위치에서 서로 말하고 듣기

3년 후, 초등학교 5학년 교실에 평화 수업을 하러 갔다. 이 학급은 특별히 학생들이 교사의 지도에 따르지 않고, 욕설이 난무한 남자 아이들 중심으로 세력 다툼이 시작되었다고 한다.

쉬는 시간, 교실과 복도는 남자 아이들의 몸싸움 놀이로 소란스럽다. 다음날 수업 준비물로 담임교사가 교실 한쪽에 정리해놓은 스티로폼은 아이들의 장난감으로 변신해서 반쯤 부러지거나 훼손되었다. 땀을 뻘뻘 흘리며 신이 나게 노는 모습은 좋게 봐주면 천진스러운 아이들의 풍경이라고 이해해볼 수도 있겠으나, 학급 물건을 훼손하고 옆으로 지나다니는 친구들을 서로 밀치거나 덮치는 모습은 위험하고도 무질서해 보였다. 그러다 결국 두 남학생 사이에서 진짜 싸움이 벌어졌다. 영신이는 재광에게 사과하지 않는다고 화를 내고 있었고, 재광은 "내가 언제 때렸냐"며 맞대응하고 있었다. 두 남학생의 대립이 첨예해지면서 주변에 남학생들이 하나둘 둘러 모였다.

그 순간, 수업 종이 울렸다. 나는 그때 두 시간의 평화 수업 중 한 시간을 이미 진행했고 나머지 한 시간의 수업을 남겨놓은 상태였다. 두 번째 수업 시간을 위해 교실로 향했을 때, 교실은 이미 흩어져 있는 스티로폼과 쓰러져 있는 의자 등으로 아수라장이었다. 씩씩거리는 두 아이를 발견하고 다가가자, 주변에 모여 있던 아이들이 흩어지기 시작했다. 무슨 일인지 물었다. 영신이는 재광이가 발로 자신의 다리를 차고도 사과하지 않는다고 말했고, 재광이는 영신이의 발을 찬 적이 없다며 왜 사과를 해야 하느냐고 따졌다. 나는 전날 밤늦게까지 준비한 평화 수업을 아이들과 나누고 싶었기 때문에 아이들에게 부탁을 했다. "너희들의 억울한 마음을 들어보고 싶어. 그런데 선생님이 준비한 수업이 한 시간밖에 남지 않았고 이 시간을 잘 사용하고 싶어. 우선은 수업을 하고, 마친 뒤에 선생님과 있었던 일에 대해 천천히 나누면 어떨까? 남은 수업을 위해 선생님을 좀 도와줄 수 있겠니?" 두 아이들은 내 말에 수긍을 했고, 일단 자리에 앉아서 수업을 진행하기로 했다.

지난 한 시간 동안 서로를 알아가는 게임을 해서 아이들의 마음이 조금은 말랑말랑해졌다고 생각했고 두 번째 시간에는 평화적 의사소통 방식을 연습해볼 계획이었다. 하지만 갑작스런 싸움으로 인해서 학급 아이들의 마음은 다시 경직되었음을 느낄 수 있었다.

이때의 교실 풍경은 이랬다. 학생들은 원형으로 앉아 있고, 영신이와 재광이는 서로 마주 보는 위치에 있었다. 둘은 서로 감정을 가라앉히지 못한 채 눈빛으로 쏘아보며 인상을 쓰고는 소리 나지 않는 입 모양을 주고받고 있었다. 아마도 서로를 비난하는 말이었을 것이다. 옆에 앉아 있는 친구가 긴장된 모습으로 두 아이들을 바라보고 있고, 다른 쪽에 앉아 있는 한 남학생이 가세를 해서 영신이를 향해 비난하는 얼굴 표정과 입 모양을 해 보이기 시작했다. 또 한쪽에서 한 남학생은 재광이를 향해 한 손으로는 손가락질을, 한 손으로는 자신의 배를 감싸며 키득키득 소리 없이 웃었다. 어떤 여학생은 얼굴에 생기가 사라졌고 그런 남학생들로부터 고개를 돌렸다. 조그만 소리로 한 여학생이 노래를 흥얼거리기 시작했다. 흥얼거리는 여학생을 흘깃 쳐다보는 또 다른 학생이 보였다. 영신이와 재광이 사이에 빚어지고 있는 소리 없는 싸움에 학급의 모든 아이들이 술렁이고 있던 것이다. 학급의 한두 명이 이 싸움에 거들기 시작했고, 아이들의 관심은 수업으로부터 멀어지고 있었다.

"(목소리를 높이고 칠판을 두드리며) 애들아, 선생님한테 주의를 집중해줄래? 여기 앞에 보고. 있잖아…."

교사의 주의 환기에도 불구하고, 학생들의 집중은 자연스럽게 교사로부터 두 학생의 소리 없는 싸움으로 이동하고 있었다. 그리고 아이들의 마음은 배움에서 떠나 버렸다. 이런 상황에서 수업을 계속 진행한다면, 아무도 듣지 않는 수업을 교사가 혼자 떠들게 되는 것이다. 교사가 앵무새처럼 떠드는 그 끔찍한 수업을! 학생들이 듣든 말든 진도를 나가기 위해 앵무새처럼 떠들어야 한다는 생각이 나를 확 깨웠다. 의미 없는 수업을 멈춰야겠다, 아이들의 삶과 단절되어 있는 이 수업을 내려놔야겠다, 그래서 밤새 준비한 수업을 내려놨다. 그리고 동그란 원에 아이들과 함께 앉아서 나의 심정을 이야기하기 시작했다.

"애들아, 수업에 집중하기 어렵니? 신경 쓰이는 게 많아? 음. 선생님도 즐겁지가 않네. 기운도 빠지고. 너희들의 도움이 필요한데, 선생님 혼자 얘기하려니 답답하기도 해. 두 친구들의 작은 다툼이 있었는데, 이 문제에 대해 다 같이 얘기해보는 시간을 갖는 게 어떨까? 그러면, 영신이와 재광이 사이에 어떤 일이 있었는지 간단히 말해줄래?"

그러자 영신이와 재광이가 쉬는 시간에 있었던 일을 자신의 입장에서 이야기해주었고, 나는 한 명이 이야기하면 다른 한 명에게 상대가 한 말을 어떻게 들었는지 짧게 반복해주도록 했다. 아이들의 시선이 집중되었고 모두 조용히 듣고 있었다.

"말해줘서 고맙다. 선생님은 여기에서 누가 더 잘못했는지를 따지기보다는, 일어난 일들로 인해서 우리가 어떤 영향을 받고 있는지 이야기하는 시간을 갖고 싶어. 그리고 앞으로 어떻게 되기를 바라는지에 대해 모두 말하고 듣는 시간을 갖도록 해보자. 선생님이 듣기로 오늘 영신이와 재광이 사이에 있었던 일은, 학급 친구들 사이에서도 거의 매일 반복되는 일인 것 같구나. 쉬는 시간에 놀다가 부딪치는 일들이 많은데, 누군가는 그 일로 마음이 상하고 누군가는 그 일을 대수롭지 않은 것으로 여기고. 오늘 이 일과 관련하여 너희들의 마음은 어떤지 돌아가면서 말해보자. 돌아가면서 말할 때는 몇 가지 부탁할 것이 있어. 토킹 피스를 돌리면서 모두 동등하게 말할 기회를 가질 거란다. 토킹 피스를 가진 사람만 말할 수 있고, 그 시간은 온전히 그 사람의 것이란다. 그래서 토킹 피스를 가진 사람이 말할 때는 모두가 그를 존중하며 듣기를 바래. 나와 다른 의견일지라도 그의 경험에서는 진실이란다. 말하는 사람은 그 일로 인해서 어떤 느낌이 들었는지 솔직하게 말해주렴. 진실한 이야기가 힘이 있단다. 그리고 여기서 한 이야기는 여기에서 끝나는 것이고, 여기서 나눈 이야기를 다른 반 친구에게 말한다거나 쉬는 시간에 이야기하시 않기를 바란다. 이 토킹 피스를 선생님부터 시작해서 왼쪽으로 돌아갈 것인데, 만약 말할 준비가 되지 않은 사람은 통과를 선택할 수도 있단다. 통과를 선택한 사람은 나중에 다시 말할 기회를 가질 수 있고. 자, 그럼 선생님부터 시작할게. (잠시 침묵) 선생님은 싸우는 모습을 보고 걱정이 되기도 했고, 어제 밤새 준비한 수업을 못하게 되어서 무척 아쉽고 속상해."

토킹 피스가 왼쪽으로 돌아가면서 아이들은 자신의 심정을 말했다. 여러 느낌들이 나왔다. 교실에서 싸워서 짜증나요, 화나요, 또 싸우나 싶어서 지겨워요, 긴장돼요, 좀 무서워요, 난 재미있어 크크, 억울해요, 열받아요, 신경이 쓰여요⋯. 다행히 모든 학생들은 통과를 선택하지 않았고 작은 목소리로나마 참여해주었다. 한 명의 학생이 재미있다고 했고 나머지 학생들은 불편한 심기를 드러냈다.

"모두 말해주어서 고마워. 이런 일들로 인해 누가 영향을 받았다고 생
각하니? 선생님은 준비한 수업을 못하게 되었어. 왼쪽으로 돌아가면
서 얘기해볼까?"

학생들은 자신을 포함하여, 담임선생님과 부모님들, 교장선생님이
영향을 받았다고 답해주었다.

"모두 솔직하게 말해주어서 고마워. 사소한 일처럼 보이지만, 개인적
인 일을 넘어서 모두 영향을 받고 있다는 것을 확인하게 되었구나. 앞
으로 어떻게 되기를 바라는지 또는 다시 이런 일이 반복되지 않기 위
해 우리가 무엇을 하면 좋을지 이야기해볼까? 선생님은 학급이 평화
로웠으면 좋겠고, 부딪치는 일들을 줄이기 위해 좁은 교실에서는 뛰
지 않았으면 좋겠어."

이번에도 아이들은 빠짐없이 자신의 의견을 말해주었다. 싸울 때는
밖에 나가서 싸웠으면 좋겠어요, 싸우지 않고 사이좋게 지냈으면 좋겠어
요, 다른 친구와 부딪치면 바로 '미안해'라고 말해요, 주먹을 사용하지 않
아요, 욕하면 더 싸우게 되는 것 같아요, 재미있는 반이 되었으면 좋겠어
요, 평화로운 반이 되었으면 좋겠어요, 싸우려고 할 때 말리는 사람이 있
어야 해요…. 한 바퀴 다 돌아갈 즈음에 수업 종료를 알리는 종이 울렸다.

"이번에도 모두 솔직한 생각과 좋은 의견들을 나누어 주어서 고맙다. 우리는 서로 긴밀하게 연결되어 있어서 한 사람의 행동이 파동처럼 다른 사람에게 영향을 주고 있단다. 너의 불행이 나의 불행이 되고, 너의 행복이 나의 행복이 되는 이유도 바로 여기에 있단다. 준비된 수업을 하지 못해서 선생님은 아쉬웠지만, 이번 시간에 여러분들이 나누어준 이야기로 인해 더 많은 것을 배워서 기쁘단다. 몇 가지 좋은 제안들이 있었는데, 이런 것들을 함께 실천해보기를 바래. 오늘 모두에게 감사해요."

서로의 이야기를 모두에게 말하고 또 그것을 전체가 모두 듣는 시간을 보낸 뒤, 학급 안에 맴돌던 긴장감은 사라지고 아이들의 얼굴도 평안해졌다. 씩씩거리던 두 학생도 어느새 안색이 돌아왔고, 학급 안에는 평화와 안전의 분위기가 맴돌았다.

이 아이들에게 이날 평화 수업이 무엇이었을까? 잠시 생각해보았다. 자신들의 삶과 연결된 갈등이나 문제들을 직접 평화적으로 해결해보는 경험이 무엇보다 중요한 배움이지 않았을까 생각한다.

위의 사례를 꺼낸 것은, 앞서 언급한 몇 년 전 나의 문제 해결 방식과 비교해보고 싶었기 때문이다. 그때 나는 학급 안에서 벌어진 일들에 대해 아이들과 공개적으로 나누지 못한 채 개별적인 상담과 만남으로 해결해보고자 혼자 고군분투했다. 학급의 문제를 해결하지 못하면 능력없는 교사로 여겨졌기 때문에, 어떻게 해서든 혼자서 해결해보려고 했다. 하지만 혼자서 이렇게 저렇게 시도했던 일들은 나의 의도와 상관없이 엉뚱한 결과로 흐르거나, 상황이 변하지 않거나 했다. 그리고 나서 지치면 '나는 교사로서 자질이 부족해.'라는 식으로 자신을 비난하거나, '요즘 애들은 문제가 있어. 무책임하고 이기적이야.'라고 아이들을 비난했다. 그러나 여전히 길은 보이지 않았다.

교사가 최선을 다하지만, 교사 혼자의 힘으로 할 수 있는 것은 없다. 회복적 생활교육의 중요한 원칙 중 하나는, 문제 해결 과정에 공동체가 모두 참여하는 것이다. 우리 모두는 연결되어 있으며, 서로 도움이 필요한 존재이기 때문이다.

> 대초원과 열대우림 같은 성숙한 생태계에서는 적대적 경쟁을 하기보다 협력할 때 더 진화한다. 고도로 복잡한 열대우림 같은 생태계는 특히 여러 생명체들이 서로 협력하는 걸 배웠기 때문에 수백만 년을 거치며 살아남을 수 있었던 성숙한 시스템을 생생하게 보여주는 사례다. 열대우림에서는 어느 생명체든 모두 완전히 참여하고, 모두 자기 자원을 전부 재활용하면서 협력하고 일하며, 모든 생산과 서비스는 모든 생명체가 건강하게 살아남을 수 있는 방식으로 분배된다. 그것이 지속가능성이다.[1]

환경생물학자인 엘리자벳 사투리스의 말처럼, 인류의 성숙한 생태계 시스템의 원리는 '경쟁'이 아니라 '협력'이다. 그러면 학생들에게 어떻게

---

1   수라 하트·빅토리아 킨들 호드슨, 정채현 옮김, 《내 아이를 살리는 비폭력 대화》, 아시아코치센터, 2009, 35쪽.

학급 공동체의 문제를 자신의 문제로 인식하게 하고, 그들에게 책임을 돌려줄 것인가? 또 그들에게 어떻게 협력을 이끌어낼 것인가?

교사는 문제에 답을 주어야 한다는 생각부터 내려놔야 한다. 왜냐하면 교사는 문제의 답을 알지 못하기 때문이다. 답은 문제의 당사자가 가장 잘 알고 있다. 교사는 학생들이 문제를 스스로 해결할 수 있는 공간을 열어주고, 열린 공간에서 학생들 자신의 내면을 솔직하게 말하고 들을 수 있도록 격려해주면 된다.

앞서 내가 초등학교 5학년 학생들과 함께한 것은, 발생한 일에 대해서 의미를 발견하고 무엇을 할 수 있는지 탐색하기 위한 '문제 해결 서클' 과정이었다. 문제 해결 서클에서 중요한 것은 '질문'이다. 우리는 아래와 같은 질문을 '회복적 질문'[2]이라고 표현한다.

1) 무슨 일이 있었나요?

2) 그때 당신은 무엇을 생각하고 있었나요?

3) 그 이후로 무슨 생각을 했나요?

4) 당신이 한 일로 누가 영향을 받았다고 생각하나요? 어떤 방식으로?

5) 일을 바르게 하기 위해 당신은 무엇을 할 필요가 있다고 생각하나요?

6) 우리가 당신을 위해 무엇을 도와주기를 원하나요?

회복적 질문을 중심으로 모두가 동등하게 말하고 듣는 과정을 통해,

---

2   박성용, '서클프로세스 소개 워크숍' 워크북, 비폭력평화물결. 2013. 2.

학급에서 발생한 일에 대하여 탐색하도록 하는 것이다. 이 결과로 얻어지는 공동의 지혜는 공동체의 소속감을 향상시키는 역할을 한다. 동등하게 말하기는 공동체에 힘을 분배하여 권력이 소수에 집중되는 것을 약화시킨다. 그리고 '문제가 되풀이되는 것을 방지하기 위해 어떤 노력과 도움이 필요한지 구체적으로 논의'하는 것은 매우 중요하다. 공동체와 개인을 존중하고 보호하기 위한 약속이 학생들로부터 나와서 논의되어야 한다.

공동체가 함께하다

'공동체의 참여'는 회복적 생활교육의 핵심 원리 중 하나다. 교사 대상으로 생활교육 연수를 진행할 때, 교사들에게 '무엇이 생활지도에 어려움을 준다고 생각합니까?'라는 질문을 자주 한다. 여러 학교 현실 이야기가 나오는데, 그중에 많이 나오는 내용이 '학부모의 협력 부재'다. 안타깝게도 우리 학교 현실은 단절로 인해 불신의 분위기가 팽배하다. 그래서 생활교육 과정에서 학부모와 마찰이 늘어나고 있다. 학부모와 협력적 관계가 이루어지지 않는다면 생활교육은 실질적으로 어렵다.

그렇다고 학부모에게 협력을 강요할 수는 없다. 학부모가 학교를 불신할 수밖에 없는 것이 지금의 우리 현실이기 때문이다. 학부모의 협력을 이끌어 내야 한다. 어떻게? 문제 해결 과정에 학부모를 초대하는 방법이 도움이 된다. 특별히 학교 폭력이 발생했을 때, 이제까지는 문제 당사자 학부모는 참고인일 뿐이었고 모든 학교 폭력 문제 해결 과정에서 소외되어 왔다. 그러나 대화의 장으로 불러서 발생한 일로 인해 어떤 영향을 받고 있고 어떤 도움이 필요하고 무엇을 책임질 수 있는지에 대해 동등한 목소리로 참여할 수 있도록 해야 한다.

　　교사가 슈퍼맨인 것처럼 모든 문제를 책임지고 해결하려 하지 말아야 한다. 교사가 혼자서 해결하려 할수록 '힘'과 '권위'에 의존하여 학생을 통제하려고 애쓰게 된다. '공동체 구성원인 학생, 학부모와 힘을 나누어라, 서로 도움을 요청하고 서로 도움을 받아라.' 그것이 성숙한 생태계 시스템의 원리다.

02

관계가 우선인 학급

모든 것에는 관계성이 존재한다.
우주의 모든 것은 다른 것과 관계를 맺을 때에만 오직 존재할 수 있다.
어떤 것도 홀로 존재할 수 없다. 우리는 혼자서 살 수 있다는 개별적 존재인 척하는 것을 그만두어야 한다.
– 마거릿 휘틀리(Margaret J. Wheatley)

관계성을 강화하다

인간은 독립적인 존재이면서 동시에 공동체를 떠나서는 살 수 없는 관계적 존재다. 회복적 생활교육의 주요 목표 중 하나는, 인간 본성인 '관계성'을 단단하게 유지·강화시키고, 훼손된 관계는 복구하고 회복하는 것이다. 회복적 생활교육에서 관계성은 다음과 같은 의미를 가진다.

① 관계는 공동체 형성의 중심이 된다.

② 규범을 어긴 것이 잘못이라기보다는 그로 인해 관계가 훼손되는 것이 잘못이다.

③ 학생들 간의 관계성이 강화되면, 교실은 '배움을 위한 안전한 공간'이 된다.

④ 발생된 모든 문제는 관계를 강화하는 방식으로 해결한다.

'관계성을 강화하는 방식으로 문제를 해결한다'라는 의미는, 교실에서 단절된 관계를 '연결'과 '공감'으로 전환하는 것을 말한다.

공감적 대화가 필요해

수업을 마치고 종례를 하기 위해 교실로 향했다. 전달해야 할 가정통신문을 한가득 들고 교실 문을 열었을 때, 아이들은 자리에 앉아 있지 않고 이리저리 뛰어다니며 장난을 치고 있었다. 아이들은 쉽게 담임에게 집중해주지 않았고, 한참을 저희들끼리 떠들다가 몇 번이고 조용히 하라고 외쳤을 때에야 비로소 자리에 앉았다.

겨우 조용해진 아이들을 향해 이것저것 전달 사항들을 말하고, 가정통신문을 나눠주면서 내일까지 반드시 다시 제출할 것을 당부하였다. 그때 맨 앞에 앉아 있던 남학생이 혼잣말로 중얼거리는 소리가 들려왔다. "아휴, 지겨워. 또 잔소리." 그 한마디에 그때까지 참고 있었던 나의 분노가 폭발할 것 같았다. 바로 이런 순간들이 교사와 학생 간의 관계가 단절될 위기 상황이다.

학생 : 아휴, 지겨워. 또 잔소리….

교사 : 뭐? 너 지금 뭐라고 말했어? 일어나서 다시 말해봐. 선생님한테 예의 없이 그게 할 소리야?

만약 교사가 이렇게 반응한다면, 상황은 관계가 단절되는 방식으로 흐르게 된다. 이런 상황에서 교사는 어떻게 단절의 방식이 아닌, 관계 중심의 방식으로 해결할 수 있을까?

> 학생 : 아휴 지겨워. 또 잔소리…
>
> 교사 : ○○야, 지겹고 힘드니? 종례가 빨리 끝났으면 좋겠어?
>
> 학생 : 네, 빨리 끝났으면 좋겠어요. 친구들과 축구하기로 약속했는
> 데….
>
> 교사 : 약속이 있구나?
>
> 학생 : 네.
>
> 교사 : 선생님도 좀 피곤하다. 종례를 빨리 마치려면 너희들의 도움이
> 필요해. 전달 사항들이 많은데, 잠시 선생님한테 집중해줄래?
>
> 학생 : 네.

교사는 학생들이 자신의 말에 고분고분하지 않을 때, 그것을 습관적으로 권위에 대한 도전으로 여겨 학생을 옳고 그름의 잣대로 평가하는 경향이 있다. 하지만, 교사의 이러한 반응은 학생들과 관계 단절을 불러와서 문제 해결에 도움이 되지 않는다. 마셜 로젠버그는 이때 상대방에 대해 평가나 비난을 하기보다, 상대의 느낌과 욕구를 확인하고 그것을 공감해주는 것이 관계성을 해치지 않으면서 문제를 해결하는 데 도움이 된다고 말한다. 상대방을 비난하지 않으면서 공감적으로 대화할 수 있는 방식인 '비폭력 대화'는 학생이 교사의 말을 잘 듣도록 하려는 것이 목적이 아니다. '교사' 또는 '학생'이라는 지위나 역할에서 벗어나, 존재로 만나고 연결되게 하는 것이 목적이다. 존재로 만날 때, 학교는 권위에 의한 질서가

아니라 인간에 대한 존중이 기반 되는 질서와 조화가 가능하게 된다. 관계가 단절될 위기 상황에서 상대를 남과 비교하거나 평가하고 비난하기보다는 그의 느낌과 욕구를 공감해주는 대화 방식을 취할 때 상대를 적이 아닌 친구로 볼 수 있게 되며, 관계성을 강화시키고 서로의 필요와 가치를 공유함으로써 문제 해결을 위해 협력할 수 있는 마음을 먹게 한다.

갈등을 평화롭게 전환하는, 회복적 서클

교실은 하루도 조용한 날이 없다. 다양한 학생들이 모인 만큼, 다양한 요구와 차이로 인해서 수많은 갈등이 발생할 수밖에 없다. 학생 사이에 갈등이 발생되어 문제가 되었을 때, 관계 중심의 문제 해결 방법에는 무엇이 있을까?

갈등 발생

초등학교 4학년 학생 세 명이 교무실로 쪼르륵 불려온다. 담임선생님은 매우 화가 나 있다. 불려온 아이들은 장난 많은 민찬이, 반장인 재규, 부반장인 정혁이다.

담임교사 : 너희들! 여기 서 있어. 민찬이, 너! 음악 선생님한테 방금
        들었는데, 수업 시간에 상진이를 발로 찼다며? 어떻게 날마
        다 사고니?
아이들 : (몸을 흔들거리며 서 있다가 서로 얼굴을 마주 보며 씩 웃는다.)
담임교사 : 흔들거리지 말고 똑바로 서! 어쩜 너희들은 한시도 가만

히 있지를 못하니? 반장과 부반장은 아이들을 조용히 시키지
못하고 왜 너희들이 더 떠들어? 음악 선생님이 우리 반이 제
일 시끄럽다고 하셔. 반장과 부반장이 하는 일이 도대체 뭐야?

아이들 : (서로 얼굴만 쳐다보고 있다.)

담임교사 : (한숨을 쉰다.)

그때 마침 옆에 있던 회복적 서클을 할 줄 아는 P교사가 중간에 개
입한다.

P교사 : 선생님, 많이 힘드시겠어요. 괜찮으시다면, 제가 이 아이들과
대화를 해보고 싶은데, 어떠세요?

담임교사 : 네, 그렇게 하세요. 얘네들을 어떻게 해야 할지 저는 잘 모
르겠어요. 매번 말썽만 부리니….

P교사 : 얘들아, 반갑다. 선생님이 듣기에 민찬이가 상진이의 발을 찼
다고 들었는데, 상진이는 지금 어디에 있어?

재규 : 교실에 있어요. 제가 데리고 올까요?

P교사 : 그래, 고마워. 민찬이는 상진이가 오면 선생님하고 좀 더 얘
기할 수 있겠니?

민찬 : 네….

P교사 : 반장과 부반장은 상진이를 데리고 오면 교실에 들어가도 좋아.

재규, 정혁 : 네. (신나게 뛰어 나간다.)

곧 상진이가 교무실에 들어오고, 상진이와 민찬이를 나란히 자리에 앉게 했다.

상호 이해하기

여기서 초점은, 갈등의 당사자가 자기 생각을 내려놓고 상대의 이야기를 듣기, '적' 이미지를 해소하고 상대를 인간화하는 데 있다.

P교사 : 내가 듣기로 민찬이가 발로 상진이를 찼다고 들었는데, 그 일로 인해 지금 어떤지 얘기해줄래?

상진 : 민찬이가 줄을 서지 않고, 내 앞에 섰어요. 그건 잘못이잖아요.

P교사 : 민찬아, 지금 네가 무엇을 들었는지, 들은 대로 말해줄래?

민찬 : 줄서지 않고 자기 앞에 선 것이 잘못이래요.

P교사 : 상진아, 네가 말한 내용이 맞니?

상진 : 네.

P교사 : 그 일로 인해 지금 어떤지, 더 하고 싶은 이야기가 있니?

상진 : 없어요.

P교사 : 민찬이는 그 일로 인해서 어떤지 말해줄래?

민찬 : 줄을 서지 않는 것은 잘못이라고 생각해요. 그런데 발로 먼저 찬 건 상진이에요. 상진이가 차니까 저도 찬 것뿐이에요.

P교사 : 상진아, 들은 대로 말해줄래?

상진 : 줄서지 않은 것은 잘못이 맞는데, 발로 먼저 찬 것은 저라고 했어요.

P교사 : 민찬아, 네가 한 말이 맞니?

민찬 : 네, 맞아요.

P교사 : 민찬이는 그와 관련해 더 할 말 없니?

민찬 : 없어요.

P교사 : 상진이는 어떤 말이 하고 싶니?

상진 : 저는 그저 줄을 제대로 서라고 살짝 건드렸을 뿐이에요. 그런
　　　데 민찬이는 저를 세 번이나 세게 발로 찼어요.

P교사 : 민찬아, 지금 무엇을 들었니? 들은 대로 말해줄래?

민찬 : 줄을 제대로 서라고 살짝 제 다리를 건드렸고, 제가 상진이 다
　　　리를 세게 세 번 찼다고 했어요.

P교사 : 상진아, 그 말이 맞니?

상진 : 네, 맞아요.

P교사 : 더 할 말이 있니?

상진, 민찬 : 아뇨.

자기 책임

여기서 초점은, 서로의 진심과 소중한 것을 듣는다는 점이다.

P교사 : 상진이는 왜 민찬이를 발로 건드렸니? 그때 상진이에게는 무
　　　엇이 중요했어?

상진 : 음…. 질서요. 질서가 중요했어요.

P교사 : 민찬아, 무엇을 들었니?

민찬 : 질서가 중요하대요.

P교사 : 말해줘서 고마워. 그러면 민찬이는 상진이를 발로 찼을 때, 무엇이 중요했니?

민찬 : 얘가 저를 찼으니까 저도 찼죠.

P교사 : 음. 민찬이는 너 자신을 보호하고 싶었던 거니?

민찬 : 네. 제가 맞기만 하면, 저를 우습게 볼 수 있잖아요.

P교사 : 상진아, 무엇을 들었니?

상진 : 자기를 우습게 볼까 봐 찼대요.

P교사 : 그보다 민찬이에게는 자신을 보호하는 게 중요하다고 들었는데, 들은 대로 말해줄래?

상진 : 자신을 보호하는 게 중요하다고 했어요.

P교사 : 민찬아, 그게 맞니?

민찬 : 네.

동의된 행동 계획하기

이 단계에서 초점은, 소중한 것을 이루기 위한 계획을 세우고 동의하기, 서로의 삶에 기여하기다.

P교사 : 너희들 이야기를 들어보니, 상진이는 질서가 지켜지는 게 중요했고, 민찬이는 자신을 안전하게 보호하는 것이 중요했던 것 같아. 질서와 자기 자신을 보호하는 것이 모두 중요한데, 이것을 위해 각자가 무엇을 할 수 있는지 이야기해줄래? 그리고 이

를 토대로 상대방에게 제안하고 싶은 것이 있으면 말해줄래?

민찬 : 저는 새치기하지 않고 줄을 잘 설 수 있어요.

상진 : 저도 말로 먼저 할게요. 발로 차지 않고요.

P교사 : 서로에게 제안하고 싶은 것이 있니?

민찬 : 상진이에게 사과하고 싶어요.

상진 : 저도 사과하고 싶어요.

P교사 : 그래? 그럼 서로 마주보고 해볼래?

상진, 민찬 : 미안해.

서로 악수를 한다.

P교사 : 고맙다. 서로를 위해 사과하는 너희들이 참 대견스럽고 자
랑스럽구나.

아이들은 서로를 보며 웃는다. 그리고 교실로 다시 돌아간다.

이 이야기는 초등학교 4학년 아이들의 사례다. 에너지 넘치는 초등
학교 4학년 남학생들에게 갈등은 너무나 자연스럽고 당연한 현상이다.
그래서 학생들에게 왜 갈등이 벌어졌냐고 꾸지람하는 것은 소용이 없다
고 본다. 오히려 갈등을 평화롭게 해결하도록 돕고 안내해주는 것이 더
중요하다.

위의 사례에서 사용된 중재 프로그램은, 도미닉 바터(Dominic

Barter)가 브라질 빈민가에서 시도했던 화해 프로그램으로 범죄율을 낮추는 데 기여한 것으로 유명한 '회복적 서클'이다. 기법이 매우 간단해서 적용하기도 어렵지 않다. (물론 복잡한 갈등 상황에서는 좀 더 훈련된 기술들이 필요하다.)

이 회복적 서클 과정을 간단히 설명하면 다음과 같다.

> **상호 이해 단계**
> 그때 그 일로 인해 지금 당신이 어떤지, 누구에게 말하고 싶나요?
> → 무엇을 들었나요? → 그것이 맞나요? → 더 하고 싶은 말이 있나요?

> **자기 책임 단계**
> 그 행동을 했을 때, 당신에게는 무엇이 중요했나요?
> → 무엇을 들었나요? → 그것이 맞나요? → 더 하고 싶은 말이 있나요?

> **동의된 행동 계획 단계**
> 모두의 소중한 것을 위해 각자 무엇을 할 수 있나요? → 제안하고 싶은 것이 있나요?
> → 상대의 제안에 동의하나요? → 동의하지 않는다면, 다른 의견이 있나요?

학생들의 갈등을 중재할 때 교사가 유의할 점이 있는데, 그것은 훈계하고 싶은 마음을 내려놓는 것이다. 교사의 개입이 도움이 안 되고 오히려 갈등이 증폭되는 경우가 있는데, 대부분 교사가 훈계를 하거나 잘잘못을 판결하려는 것이 원인일 때가 많다. 일어난 사건에 따른 당사자들의 목소리가 충분히 서로에게 들리고 공감되지 않은 채 이루어지는 판결은 당사자들로 하여금 억울함과 분노를 더욱 자극해 관계가 악화되기 십상이다.

교사가 학생 사이에 일어난 일에 대해 판단하지 않는 것은 의외로 쉬운 일이 아니다. 교사는 옳고 그름을 판단해주고 가르치는 것이 교육자로서의 역할이라고 생각하기 때문에 더욱 그렇다. 하지만, 불행하게도 교사가 그런 노력을 할수록 갈등은 더욱 악화되는 것이 현실이다. 문제의 해결책은 당사자가 가장 잘 알고 있다. 교사가 대신 해결책을 내놓으려고 애쓰기보다는 당사자인 학생들이 스스로 답을 찾을 수 있도록 안내해주는 것이 훨씬 더 도움이 되며 문제도 쉽게 해결된다.

관계 중심으로 문제 해결 시스템 마련하기

발생한 문제가 관계 중심으로 해결될 수 있기 위해서는 개인적 노력뿐 아니라, 공동체 시스템이 관계 중심적으로 마련될 필요가 있다. 그럴 때 우리는 갈등의 평화적 해결을 안정적이고 지속 가능하게 유지할 수 있기 때문이다. 이런 의미에서 도미닉 바터는 회복적 시스템 구축을 매우 강조하고 있다. "캠핑을 떠났다고 했을 때, 배가 고픈 다음에 나무를 수집하기보다는 배가 고프기 전에 나무를 미리 준비하는 게 좋다. 우리는 이것을 '갈등 부엌'이라고 말한다. 갈등이 있으면 갈 수 있는 곳, 즉 갈등 부엌을 만들어놓는 것이다. 이는 우리가 음식이 필요할 때 부엌에 가서 요리를 할 수 있도록 하는 것과 같다. 갈등이 발생하기 전에 공동체가 갈등을 어떻게 대응할 것인지 미리 정하는 것이다. 회복적 시스템을 먼저 지어놓고 회복적 서클을 진행하는 것이다."

특별히 아직 회복적 실천이 문화적으로 정착되지 않았을 때, 학교 폭력과 같은 심각한 관계 훼손이 발생하면 쉽게 응보적 방향으로 흐르기가 쉽다. 이럴 때, 관계 중심으로 마련된 문제 해결 시스템은 우리가 무의식적이고 습관적인 대처를 돌아보고 평화적 방식으로 전환하게 하는 역할을 할 것이다.

있는 그대로 만날 때 비로소 변화한다

만약 우리가 적의 숨겨진 역사를 읽을 수만 있다면, 각자의 슬프고 고통스러운 인생에 공감해서
모든 적대감을 무장해제시킬 수밖에 없음을 알게 될 것이다.
– 헨리 W. 롱펠로우(Henry W. Longfellow)

　　10월의 가을 어느 날, ○○고등학교로부터 117 신고를 받은 경찰이
학교에 다녀갔다. 그런데 경찰이 가해자를 만나고 간 후에 가해자들이 피
해자를 찾아 가서 "너 묻어버린다. 죽어버려."라 말한 것이다. 피해자는
알코올과 라이터를 가지고 상담교사를 찾아가서 "저 자살할 거예요!"라
고 했다. 그렇지만 상담교사는 다시 학생부를 찾아가 이 일을 알릴 수가
없었다. 왜냐하면 이제껏 학생부에서는 가해자에 대한 경고와 처벌이 있
어 왔는데, 이로 인해 피해가 줄어들기보다는 오히려 눈덩이처럼 불어났
기 때문이다. 상담교사는 일주일 전에 교사 대상 '회복적 생활교육 워크
숍'에서 배운 방식으로 문제를 접근해보기로 시도했고, 나는 이 선생님의
부탁으로 회복적 서클 진행을 위해 이 학교에 방문하게 되었다.

처벌의 악순환

○○ 고등학교는 학교를 중도에 그만두는 학생이 1년에 80여 명이 되고, 학생문제로 경찰이 수시로 왔다 갔다 하는 일이 많다고 한다. 여기 학생들은 학교와 교사들에게 반항하고 무례하게 행동하는 것이 기본이라, 학생들로 인한 상처 때문에 1~2년이 지나면 전출을 희망하는 교사들이 적지 않다고 했다. 일주일 전 워크숍 기간 동안에 내가 교사들로부터 가장 많이 들었던 이야기는 회복적 생활교육의 내용과 철학에 대해서 모두 동의하지만, 본교의 현실과 맞지 않는다는 내용이었다. "다 맞는 이야기인데요, 우리 학교 애들은 안 돼요. 기본적인 대화조차 안 되는 애들이에요." 일반 학교에서는 드물게 경험하는 일들도 이곳 학교에서는 일상적으로 일어나고 있었다. 선생님들의 고통을 들으면서, 나는 선생님들께 "그래도 시도해보세요. 용기를 내서 도전해보세요."라고 감히 말할 수 없었다. 그저 아픈 마음으로 같이 들어주는 것 외에는 내가 할 수 있는 일이 없었다. 교실 현장에서 교사의 절망과 무기력, 그런 일들로 인해 나 또한 얼마나 울었던가.

워크숍을 통해 처벌의 방식이 아닌 만남과 대화를 통해 풀어가는 것이 도움이 된다는 것은 배웠지만, 막상 현실에서 일이 벌어졌을 때는 여전히 처벌 중심으로 흐르는 상황을 보고만 있어야 하는 교사의 무기력감이 상담 선생님과의 통화에서 나에게 전달되었다. 그래서 주저 없이 다음날 아침 ○○ 고등학교로 향하겠다고 약속을 하게 되었다.

하지만 다음날, 막상 아침에 학교로 출발하려니 내 마음이 두려워지기 시작했다. 선생님들로부터 전해들은 학교와 가해 학생들에 대한 정보가 머릿속에 떠오르기 시작했다. 그들은 고등학교 1학년으로 가해 학생 중에는 보호감찰 대상자가 있고, 학년 짱이라 학생들도 무서워하는 폭력적인 학생들이라는 것이다. 117 신고로 경찰이 왔다 갔는데도 겁도 없이 다시 피해 학생을 찾아가서 땅에 묻어버리겠다는 엄포를 놓은 것이다. 그런 아이들을 모아놓고 대화 모임을 하자고 하면, 욕설부터 내뱉지 않을까? 그 아이들의 문제 해결 방식이란 폭력으로 상대를 제압하고 거짓말로 자신의 잘못을 합리화하고, 반성하기는커녕 적반하장 식으로 몰아붙이는 것이 아니겠는가! 그들에게 대화를 요청하는 것 자체가 불가능하지 않을까? 설사 대화 모임에 참여한들, 진행자가 요청하는 대로 순순히 따라올까? 내게 행패를 부릴 수도 있지 않겠나? 회복적 서클을 진행은 했지만 결국 실패한다면, 워크숍에 참여했던 선생님들은 더욱 실망하지 않을까? 나도 하지 못하는 일을 교사들에게 시도하라고 하는 것은 얼마나 무책임한 일인가…. 걱정이 꼬리를 물고 올라왔다.

그러고 나서 잠시 후에, 다른 질문이 올라왔다. '나는 왜 그 학교에 간다고 했지? 나에게 중요한 것은 무엇일까?' 이 질문 후에 나는 좀 더 명료해질 수 있었다. 전화로 전달되는 교사의 절망과 무기력감! 그 절망과 무기력감에 빠져있는 교사와 함께 있어주고 싶었던 것이다. 나는 문제를 해결해주는 사람이 아니다. 아픔과 고통이 있는 사람들과 같은 마음으로 있어주고 공감해주면서 스스로 길을 찾을 수 있도록 격려하는 것, 이것이 내가 할 수 있는 최선이다. 내가 알고 있는 해결책은 없다, 선생님과 함께 있어주자, 그리고 아이들의 문제에 대해 공감하고 들어주는 일에 힘을 보태자. 그것이 나에게는 가장 중요했다. 잠시 생각을 정리하니 마음이 조금 누그러지면서 마음의 평화가 찾아왔다.

학생 내면의 소리 듣기

피해 당사자인 정우를 만났다. 정우는 몸이 왜소한 편으로 대화를 나누는 동안 내내 고개를 떨구고 있었다. 1학기 초부터 사소한 괴롭힘에 시달려 오다가, 1학기 말에 괴롭히는 아이들을 학교 폭력으로 학생부에 신고한 적이 있었다. 그때 어느 정도 화해가 되었던 것 같았는데, 2학기가 시작되면서 전혀 달라진 것 없이 다시 괴롭힘이 반복되었다고 했다. 쉬는 시간에 수업 종이 울려도 교실에 들어가지 못하게 하고, 복도에서 만나면 목을 잡히거나 헤드락을 당하고, 담배를 비싼 가격으로 사게 했고, 교과서 모서리로 정수리를 여러 차례 맞았던 기억과 수시로 욕설과 발로 차인 일들에 대해 이야기했다. 너무 힘들고 괴로워서 학생부가 아닌 경찰에 직접 신고를 했는데, 오히려 자신을 찾아와서 묻어버리겠다고 말해서 상황이 더 악화되었다는 것이다.

이제 정우를 괴롭힌 현선이와 승택이를 한 명씩 만날 차례다. 특별히 나는 가해 학생들을 만날 때 더욱 깊이 귀 기울이기 위해 노력해야 한다. 가해 학생들에 대해 내가 지니고 있는 선입견과 이미지와 생각들이 무엇인지 확인하고, 있는 그대로 학생들을 만나기 위해 짧은 자기 공감의 시간을 가졌다. 자기 공감을 위해 나는 잠시 눈을 감고 스스로에게 묻고 답을 했다. 현선, 승택 두 학생과의 관계에서 나는 무엇을 기대하는가? 아이들을 있는 그대로 보고 만나고 싶다. 그리고 아이들의 이야기를 진정성 있게 듣고 공감하기를 원한다. 길지 않은 자기 공감 시간은 나의 마음을 차분하고 평화롭게 해주었다. 그리고 학생들을 한 명씩 만나 대화를 시작했다.

두 학생들은 공통적으로 자기 행동을 반성하기보다는 정우의 잘못을 들춰냈다. 정우도 그럴 만한 행동을 했는데, 자신들에게만 잘못했다고 해서 억울하다고 했다. 나는 정우의 행동으로 그들이 겪었을 내면의 경험을 수용하면서 대화를 이어갔다. "그래서 억울했구나." "이해받는 것이 중요했어?" "친구로 다가왔지만 너희들에 대해 편견을 가지고 바라보는 시선이 불쾌했던 거야?" "네 얘기를 들어보지고 않고 다짜고짜 경찰이 소년원에 갈 수도 있다는 말을 해서 분했다는 거니?" "네가 엎드려 잘 때 방해받고 싶지 않았구나." "반복되는 일들로 짜증이 났다는 거지?" "너희들끼리는 그런 식으로 놀아도 오해하지 않는다는 거지? 헤드락을 하거나 욕을 해도 너희들 사이에서는 장난으로 받아주고 있다는 거구나." "넌 친구라면 선입견 없이 바라보는 것이 진실한 친구라고 생각하는구나." ….

현선이와 승택이가 어떤 이야기를 하든지 나는 판단하지 않고 그들의 내면을 들어주기만 했다. 그러기를 30분 정도 지난 후부터 아이들의 이야기가 달라지기 시작했다. 자신들의 행동이 정우에게는 불안하고 무섭게 느껴졌을 것이고, 상대가 그렇게 느꼈다면 자신들의 행동은 잘못이라고 고백했다. 그리고 그런 점들은 사과하고 싶고, 이 일과 관련하여 정우를 만나서 대화할 의사가 있다며 대화 모임 참여에 동의를 해주었다.

개인별로 진행하는 사전 대화 모임을 마치고 난 후에, 드디어 세 명모두를 한 자리에 초대해서 둥그렇게 앉았다. 개인별로 사전 모임을 했지만, 막상 세 명 모두가 모여 대화를 시작하니 현선이와 승택이는 정우를 비난하거나 자기변명을 했다. 정우는 상대 아이들로부터 몸을 돌려 앉앞고, 고개도 못 들었다. 대화 모임에 긴장감과 두려움, 분노의 분위기가 올라왔다. 내가 할 수 있는 일은 그들의 분노와 비난 뒤에 있는 진짜 마음을 확인하고 서로에게 들려주는 일이었다. 그렇게 비난이 아닌, 비난 뒤에 숨어 있는 내면의 진실들이 오가면서 서로를 이해하고 공감하게 되었고, 분위기는 평안하고 부드러워져 갔다. 그들의 대화 속에서 웃음 섞인 소리가 새어 나왔고, 얼굴의 긴장감은 서서히 온화하고 평화로워졌다. 아이들은 진심으로 서로에게 미안하다고 사과를 했고, 앞으로 이런 일이 반복되지 않기 위한 구체적인 약속들을 탐색해 나갔다. 그래서 대화 모임 3시간 만에 9가지의 제안과 약속을 만들어 냈다. 정우는 어느새 숙였던 고개를 들고 현선이와 승택이의 눈동자를 바라보며 이야기하고 있었다.

끝난 후 승택이와 현선이의 대화 모임 소감은 이러했다. "왜 진작 우리에게 물어봐주지 않는지 모르겠어요. 우리를 보면 다짜고짜 화내고 혼내기만 해요." "어른들은 우리를 겁주려고 하는데, 그럴 때마다 더욱 반항하고 싶어져요. 나도 더 이상 당하고만 있고 싶지 않다는 생각을 하게 돼요." "선생님들도 그렇고, 애들도 우리를 무서워해요. 우리를 선입견으로 바라보는 시선을 느낄 때마다 정말 화가 나요." "우리도 말로 하면 잘 알아들을 수 있어요."

자기 삶의 주도권을 회복하다

응보적 정의가 처벌에 집중하는 것에 비해, 회복적 정의는 실질적인 피해 회복에 집중한다. 피해와 가해 학생들을 만나서 이야기하다 보면, 금세 모두가 피해자라는 것을 발견하게 된다. 물론 피해를 당한 사람이 우선적으로 회복되어야 할 것이다. 승택이와 현선이도 친구를 괴롭히는 행위를 했지만, 그들은 이미 사회나 어른들로부터 받은 피해를 민수에게 전도하고 있었다. 승택이와 현선이는 어른들의 부당한 대우와 편견에 피해 의식이 많았는데, 그들의 문제 해결 방식은 힘을 사용하여 겁을 주거나 제압하고 강요하는 것이었고 대화 방식은 상호작용이 아닌 일방통행 방식이었다. 그들의 이러한 삶의 방식은 그들을 양육하고 가르친 기성세대와 사회로부터 온 것이다. 그들은 학업 성취도가 낮은 학교에 다닌다는 것만으로도 이미 이 사회에서 낙오자라고 생각하고 있었다. 이 사회는 많은 부분에서 그들의 삶의 주도권과 선택권을 제한하고 있었다. 그들이 삶의 주도권을 경험할 수 있는 때는 주로 힘을 휘두를 때였다. 힘을 사용할 때에 비로소 그들은 자신의 존재 가치를 경험할 수 있었던 것이다. 힘은 자신이 살아 있다는 것을 증명해주는 것이었다.

삶의 주도권을 침해당한 것은 피해 학생도 마찬가지다. 가해 학생에게 자신의 주도권을 빼앗긴 채, 존재의 무가치함과 수치심에 휩싸이게 되는 것이다. 피해 학생에게도 가해 학생에게도 회복되어야 할 우선순위는 '삶의 주도권'이다. 피해 학생에게 삶의 주도권 회복이란, 가해 학생에 의해서 삶이 좌우되는 것으로부터 벗어나는 것이다. 이를 위해서는 가해자로부터 직접 진정성 있는 사과와 피해 보상, 재발 방지 약속을 받는 것이 필요하다. 반면, 가해 학생에게 삶의 주도권 회복이란, 자발적인 책임을 지는 과정을 경험하는 것이다. 그들은 이제껏 잘못에 대해 자신의 목소리를 낼 수 있는 기회 없이 일방통행식 처벌을 받아야만 하는 무기력한 경험을 해 왔다. 그러한 무기력은 수치심을 낳게 된다. 여기서 자발적 책임이란, 자신의 행동으로 인해 발생한 피해를 직면하고 문제 해결에 참여하는 과정을 통해 진정으로 피해 회복에 책임을 지는 것을 의미한다. 이러한 과정을 통해 가해 학생은 자기 존재 가치를 침해당하지 않으면서 자신의 잘못을 회복할 수 있는 기회를 갖게 된다.

승택이와 현선이의 경우에는 대화 모임을 시작할 때부터, 정우도 그럴 만한 행동을 했다고 하면서 억울해 했다. 사과를 해도 모자랄 판인데, 오히려 억울하다고 하면 적반하장으로 여겨지는 것이 일반적이다. 하지만 그들의 그러한 내면의 경험을 존중하며 진심으로 들어주었을 때, 오히려 그들은 자신의 문제를 바로 보고 진정성 있는 사과를 할 수 있는 용기와 힘을 얻을 수 있었다. 그들은 이번 대화 모임을 통해 자신들의 존재 가치를 훼손당하지 않으면서 피해자에게 진정성 있는 사과를 했고, 그런 과정으로 오히려 떳떳한 삶으로 회복하는 경험을 하게 된 것이다.

내면의 힘 기르기

가해 학생의 경우 공감 능력과 의사소통 능력, 문제 해결력 등 자신의 삶을 통제하기 위한 능력이 부족하고, 자존감도 낮았다. 회복적 생활교육은 상이나 벌, 조종과 같은 외부의 통제에 의존하는 것이 아니라, 학생들의 내면의 힘을 키워서 삶의 통제력과 주도권을 확장시키는 것에 초점을 둔다.

우리의 교육 문제 중 하나는, 학생들에게 내면의 힘을 키워주기보다는 외부의 통제에 수동적으로 반응하도록 하고 있다는 것이다. 외부 통제에 의존한 수동적인 삶의 태도는 학생들의 성장과 사회생활에 도움이 되지 않는다. 학생들 내면의 힘을 기르는 것이 교육의 핵심 목표가 되어야 하지 않을까.

있는 그대로를 보는 것이 시작이다

교사는 습관적으로 학생을 판단하고 잘못을 고쳐주려는 마음이 앞선다. 하지만 이러한 교사의 의도는 학생으로 하여금 교사로부터 마음의 거리를 두게 하고, 다른 한편에서는 교사에게 저항할 준비를 하게 한다. 교사가 압력을 가할수록 학생은 마음의 문을 꼭꼭 닫은 채 숨어버린다. 학생들의 진실한 내면의 소리를 듣고 대화하고자 한다면 판단을 멈추고 그를 존중하는 마음으로 조용히 기다려주어야 한다.

> 영혼은 야생동물과 같아서 거칠고 활달하며 노련하고 자립적이지만, 동시에 매우 수줍음을 탄다. 야생동물을 보려면 숲에 들어갈 때 절대로 요란한 소리를 내며 나오라고 불러대선 안 된다. 오히려 살금살금 걸어 들어가서 한두 시간 정도 나무 밑에 앉아 조용히 기다려야 한다. 그때 기다리던 동물이 모습을 나타내고 우리가 그토록 보고 싶어 하던 야생의 모습을 만날 수 있게 된다.[3]

파커 파머는 인간 내면의 영혼을 야생동물에 비유하면서, 참자아를 만나기 위해서는 잠잠히 기다려주어야 한다고 말했다. 이처럼 아이들의

---

3 파커 파머, 홍윤주 옮김, 《삶이 내게 말을 걸어올 때》, 한문화, 2012, 22쪽.

깊은 내면에서 솟아나는 진실과 소통을 하고자 한다면, 그들을 대화의 자리로 초대하고 사랑의 마음으로 인내하며 기다려야 한다. 그때에야 비로소 마음의 문이 열리고 진실한 소통이 가능하다.

　잘못한 행동을 한 학생을 변화시킬 수 있는 것은 교사가 아니라 학생 그 자신의 내면의 힘에 의해 가능할 뿐이다. 교사가 할 수 있는 최선의 일은 변화의 공간을 만드는 일이다. 분노와 폭력의 공간을 평화의 공간으로 만들기 위해 '판단을 멈추고, 있는 그대로 보는 것'이다. 판단을 멈춘다는 것은, 상대방의 문제점과 무지를 부정하는 것을 의미하지 않는다. 상대의 행동에 대해 재판관 역할을 하지 않고 '있는 그대로 알아차리기'에 머문다는 것을 의미한다. 그리하여 학생들과의 긴장과 두려움이 있는 공간을 평화와 은총이 초대될 수 있는 공간으로 만들어주는 것이다. 있는 그대로 보고, 경험하고 있는 일들을 사랑으로 감싸면서 변화의 공간을 만들어줄 때, 서로에 대한 적대감이 사라지고 평화와 사랑이 공간에 들어서며 용서와 사과, 화해가 가능해질 것이다.

04

갈등이 성장과 배움의 기회가 되다

지금 직면하고 있는 모든 문제가 변화될 수 있는 것은 아니다.
하지만 문제를 직면하지 않고서는 아무것도 변화될 수 없다.
– 제임스 볼드윈(James Baldwin)

평화란 무얼까?

우리 반 아이들은 말이 많은 편이다. 아이들과 나누는 친밀함을 중요
하게 생각하는 담임의 성향 탓인지, 아이들은 담임인 나를 어렵게 생각
하지 않는다. 친밀함은 좋은데 질서가 부족하다. 아이들 사이에 자주 티
격태격한다. 하루에도 이러쿵저러쿵 일이 많고, 그로 인한 속상함과 불만
으로 담임을 찾아와 말하는 아이들이 적지 않다. 좀 조용히 평화롭게 살
고 싶은데 아이들은 왜 그렇게 자기주장도 세고 문제도 많은지, 옆 반과
비교하면 나는 기가 죽는다. 옆 반의 담임교사는 카리스마가 있다. 담임
교사가 한마디만 하면 아이들은 군소리하지 않고 시키는 대로 한다. 교감
선생님은 그 반에 대해 칭찬을 아끼지 않는다. 정작 옆 반 교사는 아이들

이 자신을 무서워하여 다가오지 않는다고 고민스러워하지만 말이다. 그래도 무섭게 해서라도 아이들이 말을 잘 듣도록 하는 것이 낫지 않을까? 학급에 갈등이 발생할 때마다 한숨이 나고 짜증이 난다. 갈등이 없는 평화로운 곳에서 조용히 살고 싶다.

평화란 무엇일까? 일반적으로 폭력의 부재 또는 갈등이 드러나지 않는 상태라고 쉽게 생각하게 된다. 하지만 평화는 단순히 평온한 상태를 의미하지 않는다.

평화운동가인 히즈키아스 아세파(Hizkias Assefa)는 "진정한 평화는 갈등이나 폭력의 부재 이상을 의미한다. 평화는 대결적이고 파괴적인 상호 작용을 좀 더 협력적이고 발전적인 관계로 전환시키는 과정이다."[4]라고 말한다. 즉, 평화란 인간 삶의 자연스러운 현상인 갈등을 평화적이고 협력적으로 전환하는 것이다. 이러한 평화의 관점은 갈등을 부정적이거나 긍정적인 것으로 보지 않으며 오히려 변화의 동력으로 이해한다. 물론 갈등에 직면하면 우리는 신체적으로 몸이 굳거나 열이 나고, 정신적으로 긴장하거나 분노하게 된다. 이러한 신체적·정서적 경험으로부터 벗어나고 싶어 하는 것은 매우 당연한 것이다. 하지만, 그렇다고 해서 갈등을 아예 인정하지 않으려고 한다면 어떻게 될까?

갈등이 없는 사회를 상상해보자. 갈등이 없는 사회는 어떤 사회인가? 위계질서가 분명하고 억압적인 사회일수록 갈등은 드러나지 않는다. 무섭고 엄격한 교사의 학급은 대체적으로 조용하고, 마치 갈등이 없는 것 같

---

4   히즈키아스 아세파, 이재영 옮김, 《평화와 화해의 새로운 패러다임》, KAP, 2007, 19쪽.

다. 하지만 정확히 말하면 갈등이 잘 드러나지 않는 것일 수 있다. 무서운 교사의 학급은 갈등이 억압되기 쉽기 때문이다. 그래서 잘 드러나지 않는데, 갈등은 억압되면 억압될수록 골이 깊어지고 문제가 더욱 심각해진다.

반면에 허용적인 교사의 학급은 갈등이 잘 드러난다. 엄격한 학급에 비해 학생들이 자유롭게 자신의 불편함이나 갈등을 표현한다. 하지만, 드러난 갈등을 방치하거나 제대로 대처하지 못하면 교사는 갈등의 소용돌이 속에 휩싸여 통제력을 잃고 학급은 혼란에 빠지고 무질서해질 수 있다.

오늘도 우리 아이들은 교실에서 많은 갈등을 경험하고 있다. 때로 갈등이 커져서 욕설이나 폭력으로 발전하기도 하고, 다른 한편으로는 갈등을 가슴에 묻어두기만 하는 아이들도 있다. 갈등의 에너지는 매우 커서 공격적으로 분출하거나 반대로 회피하고 도망치게 하는 경향이 있다. 하지만, 공격적 분출이나 회피는 갈등의 에너지를 발전과 성장으로 이끌지 못하게 하고 오히려 우리의 삶을 위태롭게 한다.

갈등을 성장과 배움의 기회로 삼고, 그러기 위해서 드러난 갈등을 평화적으로 전환시키자. 이를 위해 교사는 교실이 개인이 느끼는 불편함에 대해 자유롭게 말할 수 있는 안전한 공간이 되도록, 불편함에 대해 서로 소통하면서 드러난 문제점을 고쳐나가기 위해 협력하는 공간이 되도록 만들어야 한다.

배움과 성장의 기회가 되는 갈등

중2 승수를 처음 만난 것은 학교 폭력으로 신고된 문제를 '회복적 서클'로 해결하려는 과정에서였다. 초등학교 6학년 때부터 승수와 정혁이 사이에 쌓여왔던 갈등이 한 사건에 의해 폭발되었다. 승수와 정혁이는 오랫동안 같은 학급 또는 같은 동아리 부서로 자주 교류하는 사이였지만, 승수의 과격한 행동으로 정혁이는 상처를 받고 있었다. 승수의 과격한 행동은 다른 사람을 잘 배려하지 않는 습관에서 나오는 생각 없는 장난이었고, 정혁이는 그때마다 스트레스와 상처를 받았다. 그것이 누적된 것이다. 무조건 징계하기보다는 회복적 서클을 통해 서로의 피해와 고통을 이해하는 시간을 갖기 위해 부모님과 학생부장, 상담교사, 그리고 당사자인 학생들이 모이기로 했다. 그런데 불행히도 승수는 그날 나타나지 않았다. 다행히 승수의 어머니가 자리에 나오셔서 피해자의 마음을 잘 읽어주셨고 사과를 했다. 충분하지는 않았지만, 재발 방지를 위해 몇 가지 약속이 합의가 되었다. 별도로 승수를 만나서 대화를 시도했지만, 승수는 할 말이 없다며 오랫동안 침묵만 지키다가 돌아가곤 했다. 승수는 자신의 생각을 표현하는 것을 어려워했고, 평소 '욱' 하는 성격으로 인해 주변 사람들을 불편하게 하거나 두렵게 하기도 했다. 승수는 그렇게 학교에서 문제 많고 제멋대로인 골치 아픈 학생이었다. 승수를 복도에서 만나기만 하면 나는 대화를 요청했는데, 처음 몇 번은 마지못해 오더니 나중에는 거부하거나 멀리서 보면 도망을 가기까지 했다.

그렇게 대화를 거부하던 승수가 2학기가 시작되는 첫날부터 상담실에서 나를 기다리고 있었다. 놀라운 변화였다. 그 이후 승수는 자신의 문제를 해결하기 위해 회복적 서클 모임을 여러 차례 제안했고, 그렇게 나의 단골 손님이 된 승수는 다른 친구들에게도 회복적 서클을 선전하고 다녔다. 그런 승수의 홍보 덕분에 나는 대화 모임을 진행하느라 2학기 내

내 더욱 바빠졌다.

2학기를 마치면서 주변에서 지켜보던 교사들이 승수가 많이 변했다고 했다. 한 선생님은 "승수가 자존심도 세고 거칠 것이 없었잖아요. 타인을 돌보거나 돌아보는 마음이 있기보다는 자기 맘대로 행동하는 경우가 많았고요. 그런 승수가 정말 많이 변했어요. 얼마 전에는 찌질이라고 여기면서 상대도 하지 않던 아이들에게 자기 고민을 이야기하면서 조언을 부탁하더라구요. 그 모습을 보고 많이 놀랐어요. 갈등을 겪으면서 아이가 많이 성숙해진 것 같아요."라고 하셨다. 승수가 참여했던 회복적 서클을 마치면서 나누었던 대화는 내게 큰 보람과 기쁨을 주었다.

> 서클 진행자 : 여러분들이 다시 갈등이 생겼을 때, 또 다시 회복적 서
> 클을 선택할 건가요? 그리고 주변의 친구들에게도 회복적 서
> 클을 추천해보고 싶은가요?
> 승수 : 그래야죠. 크크…. 그때는 …. 여기(승수가 앉았던 자리를 가리키
> 며)는 다른 싸운 아이들이 앉고, 여기(서클 진행자의 자리)에는 이
> 제 우리가 앉아야죠.
> 서클 진행자와 서클 참여 학생들 : (잠시 무슨 말인지 생각을 하다가 그 의
> 미를 알고 모두 크게 웃으며 환영의 박수를 쳤다.) 하하하~

짧은 순간이었지만 승수로부터 무엇과도 바꿀 수 없는 큰 선물을 받은 듯 기쁘고 행복했다. 승수는 많이 변해 있었다. 특히 자신의 편견이나 선입견으로 다른 친구들의 행동을 판단해 왔던 자신의 행동 패턴을 발견

했고, 친구들을 함부로 대하던 행동들이 줄었다. 그리고 자신의 말을 쏟아내기 전에 다른 사람의 말을 조심스럽게 듣는 태도도 생겼다.

그 후 3학년이 된 승수는 학생자치회 임원으로 선출되어 학교 행사를 주도적으로 기획하고 진행하는 역할을 했다. 더 이상 승수는 문제성 있고 골치 아픈 아이가 아니었다.

또 반가운 소식은 승수 반의 이야기다. 한 학기 동안 승수와 같은 학급 학생들이 회복적 서클을 많이 경험했다. 학기를 마칠 즈음 담임선생님의 고백은 나를 감동시켰다.

"아이들이 많이 달라졌어요. 어느 순간에 친구들이 싸우면 중간에 한 명이 끼어서 중재를 하는 거예요..."

1년 동안 승수와 그 학급의 변화는 놀라웠다. 분명 아이들은 자신의 갈등을 숨기지 않고 드러내어 평화적으로 다뤄지는 과정을 통해서 내면의 많은 변화를 가져온 것 같다. 내면의 변화는 태도의 변화와 타인과의 관계 패턴 변화를 가져왔다. 그것으로 그친 것이 아니라 서서히 학급의 문화가 바뀌기 시작한 것이다.

갈등은 아주 뛰어난 교육적 소재다

갈등을 어떻게 교육적 소재로 삼아서 성장과 배움의 기회로 삼을 수 있을까? 사실 대부분 교사는 학생들의 갈등을 접하게 되면, 누가 잘했고 못했는지 판결을 내리고 학생들에게 마음의 준비가 되지 않은 화해를 억지로 시킨다. 그래서 오히려 갈등이 악화되는 경우가 많다. 교사는 갈등에 대해서 마치 재판관처럼 행동하기보다는 갈등을 중재하는 중재자로서의 역할을 해야 한다.

다행히 최근 들어서 갈등을 평화적으로 다루는 실천 모델들이 소개되고 있다. '회복적 정의 조정자모델(VORP)', 'NVC 중재', '도미닉 바터의 회복적 서클', '회복적 컨퍼런스' 등이 있다. 이중 브라질의 빈민가에서 시작된 '회복적 서클'의 전체 과정을 좀 더 자세히 소개하면 다음과 같다.

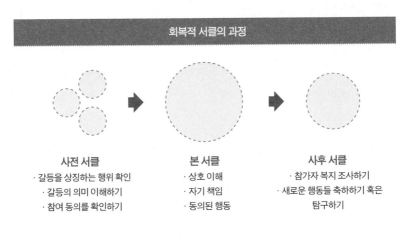

회복적 서클의 과정

사전 서클	본 서클	사후 서클
· 갈등을 상징하는 행위 확인 · 갈등의 의미 이해하기 · 참여 동의를 확인하기	· 상호 이해 · 자기 책임 · 동의된 행동	· 참가자 복지 조사하기 · 새로운 행동들 축하하기 혹은 탐구하기

사전 서클

'사전 서클'은 본격적인 서클의 전 단계에서 이루어지는, 진행자와 갖는 일대일 대화 모임이다. '사전 서클'에서 참여자는 진행자와 공감하는 대화를 통해 자신에게 일어난 일에 대해 명료한 이해를 하게 되며, 그 과정을 통해 '본 서클'에 참여할 준비를 하게 된다. '사전 서클'에서 참여자는 서클의 과정에 대한 이해와 신뢰를 갖게 된다.

본 서클

'본 서클'은 갈등 당사자 중에 '사전 서클'을 통해 참여 동의를 한 사람들이 만나서 여는 대화 모임이다. '본 서클'에서는 발생한 일로 인해서 각자 어떤 영향을 받았는지, 자신에게 소중한 것은 무엇인지 진실하게 말하고, 깊이 듣는 시간이다. 이 대화 모임을 통해 자신이 상대에게 지녔던 적 이미지를 해소하고, 서로의 인간성을 회복하게 된다.

사후 서클

'본 서클'에서 동의한 행동 계획을 일정 기간 동안 실천한 이후 다함께 평가하는 시간을 갖는다. '사후 서클'의 목적은 계획한 행동 실천을 평가함으로써 잘된 것에 대해서는 축하와 감사를 나누고, 계획대로 되지 못한 것에 대해서는 애도를 나누면서 새로운 가능성을 찾아보는 것이다.

회복적 서클의 특징적인 대화 방식은 한 사람이 말을 하면 그 말을 들은 사람이 들은 대로 반복해주는 것이다. 들은 대로 반복함으로써 상대의 말을 마음으로 듣게 되어 공감이 극대화된다. 간단한 기술이지만 반복은 매우 효과적이다.

엄연히 보면, 회복적 서클의 자리는 원수가 만나는 곳이다. 그래서 참여자들은 회복적 서클에 올 때는 싸울 준비를 하고 온다.(물론 사전 서클을 통해 감정이 많이 내려가 있기는 하지만 말이다.) 하지만 회복적 서클 과정을 통해 참여자들은 상대방에 대한 적 이미지를 해소하게 되고 그의 존재 그대로를 보게 된다. 그리고 자신뿐만 아니라 모두의 복지를 위해 협력하고자 하는 마음으로, 발생한 피해가 회복되고 재발을 방지하기 위한 약속을 세우게 된다. 그 과정은 매우 경이롭고 아름답기까지 하다. 회복적 서클 참여자들의 후기에는 회복적 서클의 이러한 경이롭고 아름다운 면모가 간접적으로 드러나 있다.

참여자의 후기

· 처음에는 걱정되었는데요, 음.. 잘 돼서 좋고요. 처음에 이런 방법으로 하는지 몰랐어요. 상대방의 말을 반복해주는 것이 놀이로 하는 줄 알았어요.

· 처음에는 하기 싫었고 그래서 마음이 열리지도 않았는데…. 이야기하다 보니까 자연스럽게 풀리고 이해가 되었어요. 친하게 예전처럼은 못해도 다른 애들처럼 인사도 하고 간단한 문자나 이야기를 편안하게 할 수 있을 것 같아요.

· 편안해졌어요. 역시 샘과 말하니까 도움이 되네요. 화해할 수 있어서 좋아요.

· 마음이 좀 나아졌어요. 답답했었는데 속이 후련해졌어요.

· 솔직히 말하면, 대화하자고 했을 때 내가 엄청 따져서 애네들이 나에게 미안하다고 하면, 사과 안 받아주려 했어요. 이렇게 될 줄은 몰랐어요. 아! 이게 아닌데 했는데, 그래도 재미있을 것 같아요. 흐흐. 잘된 것 같아 되게 좋아요.

· 원래 이렇게 될 줄은 상상도 못했어요. 끝까지 가보자 하는 마음
  으로 전투태세로 왔는데 평화 협정을 맺어버렸네요. 크크, 기분이
  좋아요.

학생들 대부분이 원하는 것은, 상대를 패배시키고 자신이 승리하는
것이 아니라 아마도 자신의 필요와 욕구가 존중되고, 서로의 관계가 회
복되는 일일 것이다. 회복적 서클을 통해 갈등을 회피하지 않고 용감하
게 직면한 이후의 대가는 이렇게 '신기하고' '후련하고' '기분 좋은' 것
들이었다.

직면할 때 비로소 성장한다

회복적 생활교육은 갈등 '해결'이 목적이 아니라, 갈등 '선환'이 목
적이다. 승수와의 1년을 보내면서, 갈등은 단번에 해결될 수 없다는 것
을 다시금 되새기게 되었다. 승수의 갈등 회오리를 접할 때마다 나는 회
복적 질문을 통해 마음을 공감하면서 기다릴 수밖에 없었다. 그럴 때마
다 갈등의 회오리 방향이 조금씩 평화적으로 전환되고 있음을 알 수 있
었다. 승수의 내면에 새로운 도전을 받고 마음이 움직이며 행동이 변화
하기까지는 시간이 필요했다.

생태철학자 조안나 메이시(Joanna Macy)는 "가재가 더 크게 성장하
기 위해서는 낡은 각피를 벗어야만 한다. 이것이 파괴의 고통을 동반하
는 '긍정적 해체'이다."라고 말했다. 갈등은 성장을 위해 가재가 낡은 각
피를 벗는 '긍정적 해체'의 과정과 같다. 그렇기 때문에 고통스럽지만, 회

피하는 것이 아니라 직면해야 한다.

> 갈등은 미숙한 관계에서 성숙한 관계로, 파괴적인 경쟁에서 생산적인
> 협력 관계로, 상대에게만 이해를 요구하는 이기적인 태도에서 상호 이
> 해를 추구하려는 변화와 성장의 과정으로 전환할 수 있는 변혁의 에
> 너지를 가지고 있다. [5]

갈등에 잠재된 강력한 변혁의 힘을 평화적으로 전환하는 방법은 강
압이나 통제와 같이 거칠고 센 방법이 아니었다. 오히려 공감하며 대화
하고 서로에 대해 마음을 열고 합의해 나가는 따뜻하고 부드러운 과정
을 통해서 가능했다.

갈등은 고통스럽지만, 갈등을 오히려 환영하고 적극적으로 지원하고
직면했을 때 우리에게 비로소 배움과 성장이라는 선물을 가져다주었다.

---

5   히즈키아스 아세파, 앞의 책, 94쪽.

동등함이 주는 힘, 서클 회의

건강한 공동체는 사람들이 참자아에 대한 의식을 확장하도록 돕는다.
공동체 안에서만 자아를 주고받고, 귀 기울이며 말하고, 존재하고 행동하는 자연스러운 능력을
발휘할 수 있기 때문이다. 그러나 공동체가 약해지고 사람들이 서로 접촉하지 않으면,
자아는 위축되고 우리 자신과의 접촉도 약해진다.

– 파커 파머

아침 자습 시간에 복도를 지나다 보면, 학급마다 다양한 풍경들을 비교해볼 수 있다. 쥐 죽은 듯이 조용한 학급, 연신 '조용히 해!'라고 말하는 교사의 목소리가 들려오는 학급, 교사의 지도에도 온통 와글와글한 학급까지 다양하다. 사실 시끌벅적한 학급의 담임교사는 능력이 부족하고, 일사불란하게 움직이는 학급의 교사는 능력 있다는 식의 생각이 적지 않다. 학생들에게 일사불란한 질서와 학급 안에서 정숙하는 태도를 교육하는 일은 매우 중요하다. 그러나 진짜 더 중요한 것은, '학생들이 일사불란하게 된 동기, 학급 안에서 정숙한 태도를 갖게 된 동기가 교육적이냐' 하는 것이다.

행동 선택의 동기가 공동체를 존중하기 위해서라면, 그것은 아름다

운 교육적 성과이다. 그러나 우리의 현실은 그렇지 않은 것 같다. 대부분 학생들의 행동 동기는 '억압에 의한 순종'이다. 힘이 있는 교사의 지시는 잘 따르지만 힘없는 교사의 지시는 잘 따르지 않는 것을 보면, 아이들의 이러한 행동 동기가 더욱 쉽게 드러난다. 지금의 학교와 학급 질서는 '서로에 대한 존중과 협력'이 아니라 '억압에 의한 순종'에 의해 작동되고 있는 것이 현실이다. '억압에 의한 순종'은 지배 구조를 만들어 내고, 민주주의로부터 멀어지게 하는 결과를 낳는다. 안타깝게도 학생들은 이미 위계적인 지배 구조의 교육 환경 속에 둘러싸여 있고, 그로 인해서 민주주의를 경험하는 것이 어렵다. 교사는 학생들의 행동 수정을 위해 '억압'을 사용하는 생활지도 방식이 결과적으로 학급에 지배 구조를 낳는다는 사실을 직시해야 한다.

우리 사회의 축소판인 교실

첫 학기가 시작되는 3월, 이때의 교실은 마치 정글과 같다. 아이들은 모든 촉각을 동원해서 가까이 지낼 친구와 멀리할 친구를 가려낸다. 이때 중요한 기준은 '힘'이다. '힘'이 있는 사람과는 가까이 지내도 되지만, 왕따를 당한 경험이 있거나 힘이 없는 사람과는 가까워지지 않도록 주의해야 한다. 자칫 가깝다는 이유만으로 자신이 불이익이나 위험에 처할 수 있기 때문이다. 아이들 사이의 힘겨루기는 3월 내내 진행되다가 4월이 되면 어느 정도 학급의 서열이 정해지면서 정리가 된다. 이때 아이들의 관계는 결코 평등하지 않다. '학급 카스트'라는 말이 있을 정도로 불평등한 관계에 의한 지배 질서가 존재한다.

소수에게 힘이 집중되는 학교·학급 '짱'의 존재, 학교 폭력이 발생해도 침묵하는 '방관자', 약자에 대한 따돌림 현상 등등… 오늘 우리가 학교에서 겪고 있는 폭력적 현상들은 힘에 의한 질서로 구축된 현 사회구조의 결과이다. 학생들은 자신이 경험하고 배운 대로 '힘의 논리'로 살고 있으며, 그들이 만들어낸 작은 사회인 교실은 이 사회의 지배 구조를 그대로 옮겨놓은 축소판일 뿐이다.

지배 구조의 집단 vs 힘을 공유하는 공동체

미국의 교육학자인 알피 콘은 학급은 '집단'이 아니라 '공동체'가 되어야 한다고 강조한다. 알피 콘이 언급하고 있는 '집단'과 '공동체'는 어떤 차이가 있을까?

집단 (거짓 공동체)	공동체
- 구성원들은 집단에 봉사하기 위해 개인적인 욕구를 유보해야 한다. - 사회적 질서에 복종과 충성을 강조한다. - 집단의 일치를 중요시한다. - 급우들의 압력이 존재한다. - 목적은 '순응'이다. - 과정이나 가치보다는 결과적인 행동에 초점을 맞춘다. - 학급의 풍토는 안정, 온정, 신뢰와 멀어져 있다.	- 진정한 공동체에서 개인은 소멸되지 않는다. - 공동체는 공동체를 구성하는 개인들을 보호하고 신장시키며, 개인들 간의 관계에서도 동일한 가치로 격려한다. - 진정한 공동체는 악전고투에서 발생한다. - 학생들은 쟁점에 항상 동의하는 것은 아니고, 격론, 논쟁, 야단법석, 격분이 진정한 공동체를 성장시킨다.

알피 콘이 말하는 것처럼, 진정한 공동체에서는 결코 개인이 소외되지 않으며, 일사불란한 일치를 보이기보다 자연스럽게 논쟁과 격론들이

발생한다. 우리는 단순하게 '전체'가 먼저인가 '개인'이 먼저인가 하는 식의 이분법적 시각에 갇혀 있다. 하지만, 진정한 공동체는 개인과 공동체를 대립적 관계로 보지 않으며, 개인과 공동체는 본성적으로 연결되어 있다고 믿는다. 그래서 공동체는 개인의 희생을 요구하는 '집단주의'와 공동체 약속보다 개인의 이익을 우선시하는 '개인주의'를 넘어선다.

진정한 공동체란?

회복적 생활교육은 진정한 공동체를 세우는 것을 목적으로 한다. 이를 위한 성찰 질문에는 어떤 것들이 있을까?

첫째, 진정한 공동체란 생기 있는 공동체로서 개인의 필요가 공동체의 목적에 반영되고, 개인은 공동체의 약속을 존중한다. 개인의 필요가 반영된 공동체는 개인들의 열정을 이끌어 내어 시너지가 발생하고 활기를 얻게 되며, 개인의 주관성은 공동체를 통해 보다 객관적이고 보편적인 지혜로 성장하게 된다.

이와 관련하여 다음과 같은 질문을 해볼 수 있다. 학교나 학급의 목표와 규칙은 학생들의 필요가 반영되어 있는가? 아니면 학교와 교사의 필요를 대변하고 있는가? 개인의 필요가 학급 안에서 자유롭게 표현되고, 개인의 주관적 필요가 공동체를 존중하는 범위 내에서 보완되는 과정이 있는가?

둘째, 진정한 공동체는 개인 한 사람 한 사람을 성장시킨다. "진정한 공동체는 사람들이 참자아에 대한 의식을 확장하도록 돕는다. 공동체 안에서만 자아를 주고받고, 귀 기울이며 말하고, 존재하고 행동하는 자연스러운 능력을 발휘할 수 있기 때문이다. 그러나 공동체가 약해지고 사람들이 서로 접촉하지 않으면, 자아는 위축되고 우리 자신과의 접촉도 약해진다."라고 말한 파커 파머의 말처럼 개인은 공동체와의 연대와 돌봄 속에서만 온전한 존재로 성장할 수 있다.

학생들은 학급 공동체 안에서 자신의 취약점이 수용되고 보호받고 배려 받고 있는가? 아니면, 자신의 취약점으로 인해 수치심을 경험하고 있는가? 학생들은 자신의 강점을 격려 받고, 성장을 위해 필요한 지원을 받고 있는가? 아니면 오히려 자신의 강점이 위축되고 있는가?

셋째, 진정한 공동체는 힘을 공유하는 공동체다. 힘이 소수에게 집중되거나 소수의 압력에 의해 공동체가 휘둘리지 않는 상태다. 모든 구성원늘은 동등하게 말할 권리를 갖는다. 우리 학급은 목소리가 큰 사람이나, 평소 말 많은 사람만 의견을 제시하는가? 학생들은 자신의 의견을 자유롭게 말할 수 있는가? 아니면, 비난에 대한 두려움으로 솔직한 자기 표현을 억제하는가?

동등하게 말할 권리를 보장하기 위한 간단한 도구로 '토킹 피스'가 있다. 이는 케이 프라니스가 정리한 《서클 프로세스》에 자세히 소개되어 있다.

> 토킹 피스를 가진 사람만 말할 수 있고, 참여자들에게 토킹 피스는 차례로 건네면서 자연스럽게 대화로 이끈다. 토킹 피스를 받은 사람은 다른 참여자들의 집중을 오롯이 받으며 방해받지 않고 말할 수 있다. 토킹 피스는 사람들이 자신의 감정을 충분히 표현하고, 남의 말을 주의 깊

게 듣고, 깊이 생각한 후 반응하고, 서두르지 않고 말할 수 있도록 도와
준다. 다른 사람 앞에서 말하는 것을 어려워하는 참여자가 있을 수 있
는데, 토킹 피스를 건네받았다고 해서 꼭 말을 해야 하는 것은 아니다.[6]

오랫동안 폭력 행동의 심리적 메커니즘과 폭력 예방을 연구해 온 정
신과 교수 제임스 길리건은 폭력을 예방할 수 있는 가장 효과적인 수단
이 '민주적이고 평등한 사회 구조'라고 강조한다.

> … 폭력이라는 전염병을 없애는 열쇠는 사회 시스템의 변화였다. … 나
> 는 매사추세츠와 샌프란시스코라는 아주 판이하게 다른 두 곳의 교정
> 환경에서 벌인 연구가 수치심의 윤리라고 부른 가치 체계와 수치 문화
> 라고 부른 사회 · 문화 체계(둘 다 불평등, 사회적 신분 위계, 권위주의를 미화
> 하고 극대화한다)가 모든 유형의 폭력을 자극하며, 그런 신념과 행동을
> 제거하고 집단 안에서 맡은 역할과 상관없이 모두가 모두를 동등하게
> 존중하는 민주적이고 평등한 사회 관계로 바꾸는 것이 폭력을 예방하
> 는 효과적인 수단이라는 가설이 입증했다고 생각한다.[7]

제임스 길리건의 연구는, 힘이 동등한 평등한 사회 구조에서는 폭력
치사율이 낮으며, 지배체제인 불평등한 사회일수록 폭력 치사율이 높다

---

6   케이 프라니스, 강영실 옮김, 《서클 프로세스》, KAP, 2012. 22쪽.

7   제임스 길리건, 이희재 옮김, 《왜 어떤 정치인은 다른 정치인보다 해로운가》, 교양인, 2012, 183쪽.

는 것을 증명하고 있다. 즉, 힘을 공유하는 평등한 사회가 지배 구조의 사회보다 평화롭다는 것을 다시 한 번 말해주고 있는 것이다.

교실은 진리를 실험하는 공간

교실은 배움의 공간이자, 진리를 실천하는 공간이다. 그리고 학급은 진리의 공동체다. 교실이 강압적인 힘이 작동되는 위계질서의 세계를 학습하게 되는 공간이 되어서는 안 된다. 간디가 자신의 비폭력적 삶의 실천을 진리의 실험이라고 말한 것처럼, 교실은 힘의 공유와 구성원 사이의 존중과 협력, 민주주의, 진정한 공동체와 같은 진리를 실험하는 공간이다. 교육을 담당하는 학교와 교사는 학생들이 교실이라는 공간에서 다양한 진리를 실험할 수 있도록 격려하고 도와야 한다. 교사는 답을 알려주는 사람이 아니다. 교사가 제시한 답은 문제의 수많은 답 중 하나일 뿐이다. 교사는 학생들이 문제의 답을 찾기 위한 과정에 함께하는 사람이어야 한다.

'힘을 공유하는 공동체'를 실험하기 위한 효과적인 도구 중 하나가 바로 '서클 프로세스'다.

서클은 참여자들이 탁자 없이 둥글게 배치된 의자에 앉는다. 모인 사람들은 때때로 의미 있는 물건을 가운데 두고 참여자들의 공유된 가치와 공통점을 상기시켜줄 응시의 대상으로 삼을 수 있다. 서클의 둥근 형태는 공유된 리더십, 동등함, 연결과 포용을 상징하는 동시에 모든 참

여자들로부터 오는 집중, 책임의식, 참여를 촉진한다.[8]

단순하게 말하면, 서클은 둥그렇게 앉아서 돌아가면서 말하는 구조이다. 서클은 안전한 공간에서 동등하게 목소리를 낼 수 있도록 돕는 효율적인 도구가 될 수 있다.

힘을 공유하는 서클 회의

새롭게 구성된 30여 명의 중학생 간부들과 4시간 동안 회의가 있었다. 그날의 회의 주제는 '학생회의 목표와 연간 활동 계획 토론 및 발표'였다. 일반적으로 진행되는 회의 방식은 안건을 확인하고, 의견이 있는 사람이 자원해서 말하고 동의와 재창을 통해 의견을 통과하는 방식이다. 이러한 회의 방식의 어려움은 목소리가 큰 사람 중심으로 회의가 진행된다는 것이다. 늘 말하던 사람이 말하고, 늘 말이 없는 사람은 여전히 침묵하게 하는 구조다. 결과적으로 공동체 모두의 목소리를 담기가 어렵게된다. 그래서 이날 학생회 회의는 기존의 방식이 아닌, 모든 사람이 동등하게 말할 기회를 갖도록 '서클 회의'를 하기로 했다.

> 진행자 : 오늘 여러분의 소중한 시간을 내주셔서 감사합니다. 이번
> 시간은 새롭게 구성된 학생회 간부들끼리 서로를 알아가는 시
> 간과 학생회의 연간 활동 계획을 위한 토론 시간이 될 것입

---

8   케이 프라니스. 앞의 책. 22쪽.

니다. 오늘은 서클의 진행 방식으로 회의를 하게 될 것입니다. 우리가 둥글게 앉은 것은 우리 모두가 동등하다는 의미입니다. 우리 각자는 여기에서 동등한 한 표로 존재할 것이며, 이 시간과 공간을 만들어 가는 사람은 우리 모두입니다. 여기 말하기 도구로 토킹 피스를 준비해 왔습니다. 이 토킹 피스의 사용법은, 이것을 가진 사람만이 말할 수 있으며, 그 사람은 그 시간과 공간을 온전히 사용할 수 있습니다. 다른 사람들은 토킹 피스를 가지고 있는 사람의 시간과 공간을 존중해주기 위해서 그 사람의 말에 온 주의를 집중하고 경청해주십시오. 또 토킹 피스는 말하기를 선택할 수 있습니다. 아직 말할 준비가 되어 있지 않다면, 통과를 하실 수 있습니다. 통과를 하신 분은 이후에라도 다시 말하기를 선택할 수 있습니다.

...

진행자 : 지금부터 서클 회의를 시작할 것입니다. 토킹 피스가 돌아가면 동등하게 말하고, 잘 듣기 위해서 어떤 것이 필요할지, 왼쪽부터 돌아가면서 말해보겠습니다.

학생 1 : 다른 사람에게 들리도록 큰 목소리로 말합니다.

학생 2 : 누군가 말할 때 옆 사람과 말하지 않습니다.

학생 3 : 장난하지 않습니다.

학생 4 : 경청합니다.

...

진행자 : 감사합니다. 이번에는 여러분 각자가 학생회 활동을 통해 충

족하고 싶은 욕구들이 무엇인지 말해봅시다. 욕구 목록표를 참고해서 한 사람 당 3개 정도 말해주세요.

학생들 : (학생들이 발표한 내용은 모든 사람이 볼 수 있도록 칠판에 기록한다.) 재미, 공동체, 성장, 도전, 협력, 아름다움, 신뢰, 배움, 봉사, 참여, 희망….

진행자 : 여러분 개인이 학생회 활동을 통해 원하는 것이 무엇인지 찾아봤습니다. 여기 여러분이 말씀해주신 욕구들 중에서 올해에 학생회가 중요하게 여겼으면 하는 것을 선택해보도록 하겠습니다. 앞에 나와서 해당하는 것에 스티커를 붙여주세요.

학생들 : (앞으로 나와서 스티커를 붙인다.)

진행자 : (학생들이 많이 표시한 욕구들을 확인한다.) 감사합니다. 이러한 것을 이루어 내기 위해 학생회에서 어떤 것을 계획해볼 수 있을까요? 부서별로 모여서 구체적인 방법들에 대해 토의하도록 하겠습니다.

부서별 회의도 서클의 방식으로 진행되었다. 즉, 돌아가면서 '공동체'를 위해 무엇을 할 수 있는지 구체적인 아이디어를 냈고, 한 장의 전지에 정리하도록 했다.

진행자 : 긴 시간 동안 여러분 모두가 적극 참여해주고 부서별 계획도 잘 세워주셔서 감사합니다. 오늘 활동이 어땠나요? 돌아가면서 말하도록 하겠습니다.

학생들 : 재미있었어요, 마음이 평온해졌어요, 기대가 되요, 뿌듯해요,

　　　　안정이 되요, 훈훈해요, 흡족해요, 생기가 돌아요….

학생들 후기

· 서클이 재미있었다.

· 서클이 좋았다. 왜냐하면 다 같이 말할 기회가 있었기 때문이다.

· 임원끼리 친해지고 계획도 구체적이다.

· 많은 회의를 통해 친해진 것 같다.

· 서클 돌리면서 말하는 것, 서로의 이야기를 들을 수 있어서 좋았다.

· 서클 게임을 통해 평소 친하지 못했던 친구들과 더 친해진 느낌.

· 다 같이 말하면서 다른 사람의 생각도 들을 수 있어서 재미있었다.

· 부서의 계획 발표가 열정적이어서 좋았다. 내 의견을 효과적으로
　낼 수 있어서 좋았다.

· 부서 활동과 단합심이 커지고 불편했던 것들이 해소된 것 같다.

· 학생 임원들의 구체적인 의견을 들어볼 수 있었다.

· 대의원회에서 들어보지 못했던 의견이 많았다.

· 자신감 있게 발표할 수 있어서 좋았고 선배들과 친근해진 것
　같아 좋다.

· 서로의 의견과 느낌을 나누었던 점.

· 다 같이 이야기하고 웃고 회의한 것 같아 재미있었다.

· 음.. 뭔지 좋았다.

공동체 안에서 목소리를 낸다는 것은 개인의 존재감을 드러내는 것이며 개인의 영향력을 확장해 나가는 것이다. 서클에서 돌아가며 말하기는 결과적으로 공동체의 힘을 자연스럽게 분배한다. 뿐만 아니라, 개인의 주관적 생각들이 서로 다른 의견들과 소통되는 과정을 통해 보편적이고 객관적인 공동의 지혜로 발전하게 되는 과정을 보게 된다.

그러나 힘을 나누는 서클 프로세스라는 도구보다 더 중요한 것은 교사의 '함께하는 리더십'이다. 교사가 여전히 힘을 사용해서 통제하려고 하는 한, 어떠한 도구도 억압의 도구로 변질될 수밖에 없다. 교사가 답을 알려주거나 통제하려고 하는 것을 내려놓고, '힘을 나누는' 진리의 실험에 N분의 1로 함께 동참해야 한다.

모두가 동의한 규칙일 때 즐겁다

합의란, 이용 가능한 모든 자원을 사용하여 창조적으로 갈등을 해결하는 결정 과정이다.

– 제이 홀(Jay Hall)

교사의 필요를 채우는 학급 규칙

학년 초가 되면, 나는 멋지게 학급 운영 계획을 짜기 위해서 많은 공을 들인다. 먼저 학급 운영에 있어서 바람직한 교육 철학과 학생 상, 학급 상을 그리고, 그에 맞는 구체적인 급훈과 실천 계획과 학급 규칙을 정한다. 정리된 내용을 파워포인트로 구성하여 첫날 학생들에게 전달하고, 학부모 총회 때 학부모들에게 브리핑을 하며 협조를 당부한다. 그런데 해마다 학급의 실천 계획이나 규칙은 크게 다르지 않다. 다음은 내가 2006년부터 2010년까지 주로 사용해 왔던 나의 학급 운영 계획서다.

학급 운영 실천 계획

1. 복습노트 쓰기 : 매 시간, 수업 내용을 간단히 메모하고 다음날 자습 시간에 테스트 받는다.
2. 독서 시간 운영 : 아침 15분간 독서.
3. 빈 그릇 운동 : 급식 남기지 않기 운동.
4. 가정 방문 : 3월 말~4월 초 운영 예정.

학급 규칙

1. 지각하지 않기 : 8시 30분까지 입실하지 못한 사람은 조례 전까지 복도에 서 있기.
2. 급식 남기지 않기 : 잔반 1회에 벌점 1점.
3. 아침 독서 시간에 읽을 책 준비하기 : 미 준비 시 벌점 1점.
4. 수업 시종 지키기 : 수업 시종 이후에 입실 시 벌점 1점.
5. 수업에 방해되는 행동이나 언행 금지 : 교과 담당 교사로부터 지적받으면 벌점 1점.
6. 친구와 싸우지 않기 : 1차 반성문 쓰기, 2차 학부모 상담, 벌점 2점.
7. 급식 시 차례 지키기 : 1차 경고, 2차 벌점 1점.
8. 욕설하지 않기 : 1차 경고, 2차 학부모 상담, 벌점 1점.

교사가 일방적으로 결정하여 전달되는 이 계획안은 학생들에게 어떻게 다가올까? 앞으로의 1년이 기대될까? 이러한 학급에서 공부하게 되어 안심이 될까? 학생들은 학급 운영 결정 과정에서 소외되었기 때문에 아마도 별 감흥도 기대도 없을 것이다. 그저 해마다 담임들이 발표하는 요식 행위 정도로 다가오지 않을까?

교사가 작성하는 학급 운영 안은 내용적인 면에서 교육적일 것이며, 혼자서 결정하기 때문에 시간을 절약할 수 있을 것이다. 하지만, 그러한 모든 과정은 교육적이지도 않고, 민주적이지도 않으며, 다만 교사의 필요만 채울 뿐이다.

결과적으로 교사가 혼자 결정한 학급 운영 계획은 학생들을 대상화 시키며, 학생을 학급의 공동 주체나 협력자로 세우지 못하게 된다. 무엇보다 교사의 일방적 결정으로 인한 가장 큰 모순은, 교사의 교육적 행동에도 불구하고 학생들로부터 자기 책임 의식이나 공동체의 협력과 같은 교육적 결과를 이끌어 낼 수 없다는 데 있다.

합의로 하는 결정

어떻게 학생들로부터 이러한 것들을 이끌어 낼 수 있을까? 교사가 먼저 인식해야 할 것은, 교사와 학생의 관계는 상호 의존적이라는 것이다. 교사는 가르치면서 동시에 배우며, 학생들도 역시 배우면서 가르친다. 서로에게 도움을 주고받는 관계이기 때문에, 교사의 일방통행식 결정이나 전달은 협력을 이끌어 내지 못하고 쌍방통행식 대화에 의한 합의 과정이 필요하다. 상호 의존적 존재들 사이의 약속인 학급 규칙의 목적은 학생 통제가 아니라 개인과 공동체에 대한 존중이다. 그렇기 때문에 학급 규칙을 세우는 과정 또한 서로에 대한 존중의 과정을 통해 만들어야 한다.

이런 의미에서 교실에서 하는 의사 결정은 '합의' 방식으로 이루어져야 한다. 이는 다수결을 의미하지 않는다. 소수의 의견이 소외되지 않도록 먼저, 모든 구성원의 필요와 이해를 깊이 인식하고 모두의 욕구를 충족할 수 있는 '윈-윈'의 방식을 찾는다. 그래서 합의 과정은 강요나 주장보다는 탐구의 자세를 요구한다.

탐구하는 자세는, 서로 다른 생각에 대해 저항하기보다는 반대로 호기심을 지닐 때 가능해진다. 그러려면 상대의 진심에 귀를 기울일 줄 알아야 하고, 폐쇄적인 사고보다 개방적이고 창의적인 사고가 필요할 것이다.

합의는 오랜 시간이 걸릴 수 있다. 하지만, 결정이 실천되는 단계에서는 합의를 거치지 않을 경우보다 시간이 덜 걸리고, 구성원들의 협력을 이끌어 낼 수 있어서 오히려 더 효과적이다. 제이 홀은 "합의란 이용 가능한 모든 자원을 사용하여 창조적으로 갈등을 해결하는 결정 과정이다"[9]라고 말했다. 더욱이 '달에서의 실종'이라는 게임 실험을 통해 개인의 판단—뛰어난 개인일지라도—에 의지하는 의사 결정보다 합의를 거친 의사 결정이 더 좋은 결정을 하게 된다고 말한다. 그러나 합의가 공동의 지혜가 아닌, 집단적 어리석음을 낳을 수도 있지 않을까 하는 염려와 두려움을 떨치기가 쉽지 않다.

다행히 제이 홀은 합의가 진정한 공동의 지혜를 낳기 위해 필요한 몇 가지 '합의의 규칙'을 제시해주었다.

합의를 위한 규칙 [10]

1. 만장일치가 목표는 아니다.

2. 논리와 실현 가능성에 입각하라.

3. 자신의 판단을 관철시키려고 논쟁을 벌이는 일은 피하라. 최대한 분명하고 논리적으로 입장을 제시하고, 그런 뒤에는 자신의 주장을 고집하기 전에 먼저 다른 구성원들의 반응에 귀를 기울이고 그것들을 주의 깊

---

9   파커 파머, 이종태 옮김, 《가르침과 배움의 영성》, IVP, 2006, 199쪽.

10   파커 파머, 앞의 책, 200쪽.

게 생각하라.

4. 토론이 교착 상태에 빠졌을 때 꼭 승자와 패자를 가리려고 하지 말라. 대신 모든 사람이 받아들일 수 있는 차선책을 찾으라.

5. 단순히 갈등을 피하고 일치와 조화를 이루기 위해 당신의 생각을 바꾸지는 말라. 합의가 너무 빨리 쉽게 이루어질 때, 오히려 의심을 품으라. 객관적이고 논리적으로 타당한 기초를 가진 입장만 받아들이라.

6. 다수결 투표, 평균 내기, 동전 던지기, 흥정 등 갈등을 줄이기 위한 수단을 피하라. 당신과 다른 의견을 지녔던 구성원이 결국 당신의 의견에 동의했다고 해서, 다음 번에는 그의 의견에 동의해주어야겠다고 생각하지 말라.

7. 의견 차이가 생기는 것은 자연스럽고 당연한 것이다. 적극적으로 그것들을 찾아내고, 결정 과정에 모든 사람을 참여시키려고 노력하라.

규칙은 함께 만들어야 작동된다

그러면, 어떻게 교실 안에서 이러한 합의를 실천할 수 있을까? 여기에 소개하고자 하는 프로세스는 국제 NVC 인증 지도자인 그렉 켄드릭(Gregg Kendrick)의 '공유된 목적 세우기' 모델을 참고하여 학교에 적용한 사례다.

개인의 욕구를 기반으로 한 학급의 공유된 목적과 학급 규칙 세우기

1) 학급의 공유된 목적과 학급 규칙 세우기에 대한 교사의 진정성 있는 의도 점검하기

무엇이든 진정성이 중요하다. 이 활동을 하려는 교사의 의도가 무엇인가? 아이들을 통제하고 교사의 말에 순응하도록 하기 위해서인가? 아니

면, 개개인에 대한 존중과 자율성을 위해, 서로의 배움과 성장에 기여하는 학급을 위해, 학급의 안전과 평화를 위해, 교사로서의 성장과 배움을 위해서인가? 등등. 아이들에게 전달되는 것은 교사의 말이 아니라 교사의 진정성이라는 것을 생각하며, 아이들과 이 과정을 조급해하지 않으면서 진행하기를 권한다.

2) 담임교사의 비전과 의도 말하기

담임교사로서 교육과 학급 공동체에 대한 비전과 소망을 모두가 볼 수 있게 칠판 또는 전지에 기록하거나, 개인 복사물로 만들어 나눠준다.

3) 학생들은 1년 동안 학급 공동체 안에서 기대하는 것과 열망 등을 표현한다.

학급 안에서 1년 동안 행복하고 풍요로운 삶을 위해 무엇이 중요하다고 생각하는지 핵심 내용을 특정 단어로 돌아가면서 한 사람씩 말하도록 한다. 표현된 특징 단어들은 칠판이나 전지에 기록한다. 비폭력 대화의 '욕구 목록표'를 참고하면 더 도움이 된다. 이때 모든 사람의 기대와 열망이 모두에게 들리도록 하는 것이 중요하므로, 천천히 진행한다.

예) · 친구들과 친하게 지내고 싶어요. → 친밀한 관계, 우정

· 성적이 올랐으면 좋겠어요. → 배움, 성장

· 재미있고 즐거웠으면 좋겠어요. → 재미, 여유, 즐거움

· 서로 욕하지 않으면 좋겠어요. → 존중, 배려, 따뜻함, 수용…

· 제시간에 종례가 끝났으면 좋겠어요. → 예측 가능성, 이해, 배려,

휴식…

4) 기록한 내용을 보며, 각자 자신에게 가장 영감을 준(또는 가슴에 와 닿는) 표현 3개에 표시를 하도록 한다. 한 사람당 서로 다른 3개의 표현에 표시할 수 있고, 동일한 표현에 여러 번 표시할 수도 있다.

5) 표시가 많이 된 표현(또는 단어)을 모아서 다시 기록한다. 모아진 표현을 가지고, 학급의 공유된 목적을 만든다.

　예) 친밀한 관계, 우정, 따뜻함, 재미, 존중, 배려, 성장, …

　→ "서로 존중하고 배려하면서 우정을 쌓아가고, 재미있고 즐겁게 배우며 성장하는 우리"

6) 각각 표현된 열망이나 기대가 이루어지기 위해 자신은 무엇을 할 수 있는지, 또는 공동체에게 하고 싶은 제안은 무엇인지를 구체적으로 기록한다. 모둠별로 진행하고, 내용을 취합하는 방식을 권한다. 취합한 내용은 다시 칠판이나 전지에 정리한다.

　예) 친밀한 관계 : 격주로 짝 바꾸기, 골고루 짝해보기

　　따뜻함 : 생일 축하 시간 갖기

　　협력 : 체육대회 때 종목별로 2개 이상 참여하기

　　성장 : 싸움이나 갈등이 생길 때 회복적 서클 열기

　　※ 주의

　　· '~하기않기'의 부정적 표현보다는 '~하기'의 긍정적 표현으로 바꾸기

· 학급 규칙이 지켜지지 않았을 때 벌칙을 부여하는 방식은 지양하

고, 학급 서클 열기를 권장한다.

· 현실적인 것, 실천 가능한 것을 제안하도록 안내한다.

7) 제이 홀이 제시한 '합의를 위한 규칙'을 함께 읽고, 질문의 시간을 갖는다.

8) 모두 모아진 실천 방법과 공동체의 제안에 대한 동의 과정을 진행한다. 여기에서 개인이 동의한다는 것은 100% 동의라기보다는 '견딜 만하다'는 의미의 동의다. 동의 과정은 한 사람 한 사람마다 동의를 묻는 방식으로 진행을 한다. 만약 누군가가 반대를 한다면, 그 이유를 들어보고 그 사람에게 중요한 것이 무엇인지 알아준다. 그리고 반대하는 항목과 그가 제시한 대안을 중재하여 결정한다. 이때 동의된 실천 방법들은 곧 학급의 규칙인, '우리들의 약속'이 된다.

9) '공유된 목적'과 '우리들의 약속'을 모두 함께 읽고, 학급의 잘 보이는 곳에 게시한다.

10) 주기적으로 '공유된 목적'과 '우리들의 약속'을 상기하기 위해 함께 읽고, 피드백하는 시간을 갖는다. 한 주를 시작하는 첫날에 약속을 함께 읽고, 잘된 것과 잘 지켜지지 않은 것, 그리고 부탁하고 싶은 것에 대해 논의한다. 또한 약속 중에서 수정 · 보완해야 할 것이 있다면 그것에 대해 논의하고 합의하는 시간을 갖는다. 여기에서 주의할 것은 한 번 정

한 규칙일지라도 규칙이 현실적으로 맞지 않거나 오히려 공동체의 복지에 기여하지 못하는 것이라면 수정해야 한다는 것이다. 규칙은 사랑의 실천을 위한 도구라는 것을 인식하자.

'안양○○초등학교 6학년 박○○ 선생님 학급의 공유된 목적과 약속'

기린 마을 문장

적절한 휴식으로 스스로 자신을 돌보고 성실하게 배우면서 나날이 우정이 깊어지고 즐겁고 평화로운 우리들

기린 마을 친구들의 약속

1. 급식 시간, 교실 이동 시 차례 지키기

2. 복도에서 한 줄로 오른쪽으로 걸어 다니기

3. 복도와 교실에서 크지 않은 적당한 목소리로 말하기

4. 의견이 다를 때는 부드러운 말로 제안하기

5. 밝은 얼굴로 대해주기

6. 친구가 싫다고 표현하면 그 행동 멈추기

7. 혼자 있는 친구가 없게 같이 놀이와 대화에 참여시켜주기

8. 쉬는 시간에 충분히 쉬기, 즐겁게 보내서 스트레스 풀기

9. 친구가 말할 때 "아, 그랬구나!"라는 마음으로 있는 그대로 들어주기

10. 친구들이 느낌을 말할 때 공감해주기

11. 자기 할 일을 먼저 하고 휴식하기

12. 교실에서 휴대폰 전원을 스스로 끄기 (특별히 통화를 해야 할 경우 선생님께 말하고 사용하기)

13. 실내에서는 흰 실내화 신고 다니기

14. 친구에게 불편한 감정이 있을 때는 뒤에서 말하지 말고 솔직한 느낌을 말하고 부탁하기

학급의 규칙을 세울 때, 쉽게 빠지는 문제가 있다. 그건 약속이 지켜지지 않았을 때를 대비해서 벌칙 세우기를 하는 것이다. 예를 들어 규칙을 어겼을 때 벌점 1점, 또는 벌서기 등이다. 그런데 약속이 지켜지지 않았을 때를 대비해서 벌칙을 정하다 보면, 규칙은 회복적 방향이 아닌 응보적 방향으로 흐르게 된다. 이런 문제를 대비해서 '학급에 문제가 발생했을 때 문제 해결 서클하기' 또는 '친구들끼리 싸우면 회복적 서클 하기' 등을 추가하기를 바란다. 공유하는 목적과 약속을 세우는 시간은 학급 공동체를 만들어 가는 첫 번째 과정이다. 이때 많은 수고와 시간을 사용할수록 약속은 더 잘 존중되고 지켜진다. 교사는 학급의 약속을 만드는 과정이 교사를 포함하여 모두 동등하게 참여할 수 있고, 자유롭게 말할 수 있는 시간과 공간이 되도록 주의를 기울여야 한다.

피드백이 큰 몫을 한다

합의를 통해 결정된 약속은, 공동체 구성원의 협력과 참여에 의해서 실현된다. 학급을 만들어 가는 것은 교사 개인에 의해 좌우되는 것이 아니라, 교사와 학생들이 책임을 지고 함께 만들어 가는 것이기 때문이다.

개개인의 행복이 공동체의 행복이며, 개인의 불행은 공동체 불행의 원인이 된다. 우리는 상호 의존적 존재로서 서로 도와야 한다. 또한 어렵게 합의하여 결정한 약속들이 잘 지켜지고 있는지, 또는 약속 그 자체가 모순된 것은 아니었는지 반성하고 평가하는 시간이 중요하다.

> 국가라든가 자치구 혹은 천체의 행성처럼 자기조직 능력을 갖는 시스템은 전개 방향이 잘못되어도 피드백 시스템으로 그 잘못을 교정할수 있다. 하지만 피드백 기능이 차단된 모든 시스템은 자멸하게 된다. 스스로의 행위가 몰고 올 결과를 확인해보지 않는 모든 시스템은 자살하는 사람과 같다.[11]

평가가 차단된 모든 조직과 시스템은 자멸하게 된다는 조안나 메이시의 말처럼 성찰과 평가의 시간은 생존과 배움, 성장을 위해 반드시 필요하다. 그런 의미에서 한 학기를 마칠 때, '합의를 통해 만든 학급 규칙'에 대한 피드백 과정을 진행하기를 바란다.

배움과 성장을 위한 피드백

1) 자기 책임

① 개인별로 공유된 목적에 대한 만족도에 따라 1~5까지 표시한다.

---

11   게세코 폰 뤼프케, 박병화 옮김, 《두려움 없는 미래》, 프로네시스, 2010, 185쪽.

공유된 목적에 대한 피드백								
1	–	2	–	3	–	4	–	5	재미
1	–	2	–	3	–	4	–	5	성장
1	–	2	–	3	–	4	–	5	친밀한 관계
1	–	2	–	3	–	4	–	5	우정
1	–	2	–	3	–	4	–	5	배려
1	–	2	–	3	–	4	–	5	존중
1	–	2	–	3	–	4	–	5	따뜻함

② (축하) 만족도 높은 것은 무엇인가요? 이유는?

　　예) 친밀한 관계 → 우리 반 친구들과 대부분 골고루 짝꿍을 해보았다.

③ (애도) 만족도가 낮은 것은 무엇인가요? 이유는?

　　예) 따뜻함 → 내 생일은 1월이라서 축하의 시간을 갖지 못했다.

④ 이 과정을 통해 무엇을 배웠나요? 성장이나 개선을 위해 나에게 어떤

　　계획이 필요한가요? 학급에 제안하고 싶은 것이 있나요?

　　예) 방학 중에 생일을 맞은 친구들에 대해서는 별도로 축하 시간을 마련하자.

2) 공동체 피드백

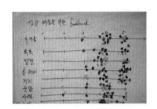

① 공유된 목적을 칠판에 게시하고, 개인별로 작성한 대로 스티커로
   표시한다.

② (축하) 전체적으로 만족도가 높은 것은 무엇인가요? 떠오르는 장면이나
   일이 있나요?

③ (애도) 만족도가 낮은 것은 무엇인가요? 떠오르는 장면이나 일이 있나요?

④ 이 과정을 통해 무엇을 배웠나요? 성장을 위해 필요한 것은 무엇인가요?
   어떤 계획이나 약속이 필요한가요?

공동의 지혜를 만들기

합의는 개개인으로 이루어지는 공동체가 선택할 수 있는 가장 합리적이고 현실적인 의사 결정 방식이다. 교사의 필요, 학교의 필요, 기득권이나 기성세대의 필요만 반영하는 수많은 규칙과 규제는 학생들로 하여금 책임 의식과 자발성, 협력과 존중을 이끌어 내지 못한다. 서로 다른 의견으로 갈등하고, 동등한 목소리로 격렬하게 토의하며 합의하는 과정을 통해 학생들은 자신의 편견을 수정하고 공동의 지혜에 도달하는 경험을 하게 될 것이다. 이러한 과정이 바로 공동체를 만들어 가는 과정이며, 진정한 민주주의의 가치와 태도를 배우게 된다.

배움은 경험을 통해 머리와 가슴과 몸으로 익혀야 세상을 변화시키는 힘이 된다.

4장
—

교사가 변화할 때
성장하는 아이들

01

"저희가 진정 원하는 건,
게임이 아니에요."

'아이들과의 싸움에서는 밀려서는 안 돼. 아이들과의 기 싸움에서 이
겨야 해. 그렇지 않으면, 두고두고 이 아이에게 휘둘리게 될 거야.' 내게
떠오르는 이러한 생각은 아이들과 갈등이 분출되어 긴장하고 있을 때, 무
의식적으로 나를 지배해서 아이와 격돌하게 했다. 결국 나는 학생과 처절
한 싸움을 시작하고 마침내 승리한다. 하지만, 기쁘지 않고 행복하지 않
았다. 잠시 안심은 되지만, 그 학생과의 관계에서 내가 풀어야 할 숙제는
더욱 어렵고 복잡하게 꼬이게 되는 것을 여러 번 경험했다. '폭력에 대해
더 강한 폭력'으로 대응하는 나 자신을 보면서, 이렇듯 견고한 '폭력' 패
러다임을 유지한 채 더는 학생들을 만날 용기가 나지 않았다.

교사의 요구는 누구를 위한 것인가?

알피 콘에 의하면, 교사들 대부분은 생활지도의 방점이 "어떻게 학생을 효율적으로 통제할 것인가?" "어떻게 하면 교사의 말을 잘 따르게 할 것인가?"에 있다고 한다. 학생을 "자신의 의지를 표현하고 실천하는 권리를 가진 존재"라기보다는 "어른들의 통제를 받아야 하는 미성숙한 존재"로 여기는 경향이 많다고 한다. 학생에 대한 수동적 이해는 결과적으로 통제적이고 권위적인 생활지도의 방식과 연결되어 있다.

사실 알피 콘의 이야기를 빌렸지만, 우리의 학교 현실이 이와 다르지 않다. 오히려 우리의 경우가 더 권위적이라고 생각한다. 나는 10년 동안 협동 학습을 활용한 수업을 해 왔다. 협동 학습이란, 학생 간의 협력적 상호 작용을 이끌어 내는 훌륭한 관계적 배움의 도구이다. 그런데 지금 돌아보면 나는 훌륭한 협동 학습 기술을 통제의 도구로 많이 사용해 온 것 같다. 기계적으로 아이들을 움직이게 했고, 보상으로 학생들을 조정해 왔다. 나의 초점은, 학생들이 나의 의도대로 효율적으로 따라오게 하는 데 있었다.

그런데 요즘 들어서는 학생들이 교사의 요구에 잘 따라와주지 않는다. 교사의 요구에 "왜요? 내가 왜 해야 되요?"라고 대꾸하기 시작했다. 이제 우리는 "학생은 교사의 말을 당연히 따라야 한다"라고 믿어왔던 사회에 살고 있지 않다. 학생들은 교사의 지시·지도에 대해 자신의 다른 생각을 표현하고, 자신의 생각과 선택의 자율성이 존중되기를 요구하고 있다. 그들에게 '당연히 따라야 할 것'은 없다. 그런 그들에게 교사의 지시에 따르지 않는다는 이유로 '예의가 없다'거나 '말대꾸한다'거나 하는 교사의 반응은 오히려 학생들과 관계만 훼손하게 만든다.

알피 콘은 교사에게 다음 세 가지 질문에 대해 성찰해야 한다고 말한다.

1. 교사의 요구가 정당하고 합리적인가?
2. 교사의 교육 방식이 학급 분위기에 어떤 영향을 주고 있는가?
3. 학생들의 요구를 반영한 흥미롭고 도전적인 교육 과정을 구성했는가?

이 질문은, 이제껏 교사에게 익숙해 있던 "학생들을 어떻게 통제할 것인가"에서 벗어나서 다른 차원으로 바라볼 수 있게 도와준다. 이 질문을 토대로 나의 경우를 돌아보면 어떠한가?

1. 교사의 요구가 정당하고 합리적인가?

나는 새 학기만 되면, '지각하지 않기'를 학급의 가장 중요한 규칙으로 강조한다. '지각하지 않기' 규칙은 학생들과 합의해서 결정한 것은 아니다. 하지만 '지각하지 않기'는 그것 자체로 교육적 의미가 있다고 여겼고, 학생들에게 당연한 규칙이라고 생각했다. 무엇보다 이 규칙을 통해 내가 가장 중요하게 여겼던 것은 '학급의 효율적인 통제'였다.

2. 교사의 교육 방식이 학급의 분위기에 어떤 영향을 주고 있는가?

작은 규칙, 즉 '지각하지 않기' 하나만 철저하게 지키도록 한 결과, 실제로 많은 부분에서 질서가 잡혔다. 지각한 학생은 조례 시간 전까지 복도에 서 있다가 교실에 들어온다. 복도에 서 있는 것은 비록 간단한 벌이지만, 그로 인해 교실은 아침부터 조용해지고 경직된다. 2년 정도 나의 학급 운영 방식은 별 무리 없이 진행되었다. 하지만 3년차가 되면서 부작용이 발생했다. 지각의 기준에 대해 학생들 사이에 논란이 생겼고, 지각 체크를 맡았던 학생은 친구들로부터 관계가 멀어지고 잦은 분쟁이 발생했다. 분쟁 해결을 위해 담임교사는 '옳고 그름'의 잣대를 많이 사용하였는데, 그럴수록 학생들은 뻔한 거짓말도 서슴지 않고 했다.

나는 교실에서의 잦은 분쟁이나 학생들의 거짓말을 학생들의 부족한 도덕성 문제로 여겼다. 하지만 합의하지 않은 규칙을 강요하고, 어겼을 때는 벌을 주는 나의 학급운영방식이 교실환경을 불안하고 경직되게 만들어 가고 있다는 것을 알게 되었다.

3. 학생들의 요구를 반영한 흥미롭고 도전적인 교육 과정을 구성했는가?

학급 운영 대부분은 담임교사가 기획하고 결정한 뒤 학생들에게 전달한다. 나름 즐겁고 공부 잘하는 학급을 만들겠다고 기획하지만, 그런 교사로서의 열정은 교사인 나를 위한 것이었지 학생들을 위한 것이 아니었다. 때로 나의 지나친 열정은 학생들을 부담스럽게 했고, 학생들을 더욱 대상화시키는 결과를 가져왔다.

나의 학급 운영 사례만을 가지고 세 가지 질문에 비추어 성찰해보았지만, 결과는 너무 부끄럽고 당혹스럽다. 학생들의 수업 시간은 어떤가? 왜 그들은 배움에 흥미를 느끼지 못할까? 학교는 어떤지, 학생들은 왜 학교에 가기 싫어하는지, 학생들은 교육의 대상이 아니라 교육의 주체다. 수업도 학교도 정작 교육 주체인 학생을 소외시킨 채, 어른들의 욕구만을 채우고 있지는 않은가? 교육에 대한 근본적인 성찰이 필요하다.

학생들은 무엇을 원할까?

알피 콘은 '교사의 요구를 어떻게 하면 학생이 잘 따르게 할 것인가?' '어떻게 하면 효율적으로 학생을 통제할 수 있을까?'라는 질문 대신에 '학생들의 요구는 무엇인가?' '학생들의 요구와 필요를 어떻게 건강하게 채울 수 있도록 도울 것인가?'를 질문하라고 말한다. 즉 이러한 질문은 '지각하지 않기'의 규칙을 학생들에게 요구하기 전에, 학생들에게 어떤 학급이 되기를 원하는지 먼저 질문하라는 것이다. 그리고 학생들이 꿈꾸는 학급을 만들기 위한 대화의 장을 열고, 학생 스스로 무엇이 필요하고 무엇을 노력해야 하는지 고민하고 논의하고 결정하도록 하라는 의미다.

> 책임감은 아이들에게 영향을 주는 문제에서 그들에게 발언권을 허용함으로써, 그리고 선택권이 있다고 말해주는 곳이면 어디서나 키워진다.[1]

하임 기너트의 말처럼 학생들에게 자율성은 책임의식을 증진시키지만, 통제는 학생들의 책임의식을 저하시킨다.

뒤돌아보면, 그동안 교사로서 학생들에게 지시와 요구는 많이 해 왔

---

1 수라 하트·빅토리아 킨들 호드슨, 정채현 옮김, 《내 아이를 살리는 비폭력 대화》, 아시아코치센터, 2009, 77쪽.

1 수라 하트·빅토리아 킨들 호드슨, 정채현 옮김, 《내 아이를 살리는 비폭력 대화》, 아시아코치센터, 2009, 77쪽.

지만, 학생들의 요구와 필요가 무엇인지 묻지 않았던 것 같다. 오히려 따르지 않는 학생들로 인해 화가 났고 벌을 주려고 했었다. 그리고 학생들의 요구는 대부분 공부와 상관없는 것들이라서 요구를 물어보는 것 자체가 위험하다고 생각했다.

학생들의 요구를 묻거나 들어주는 것에 대해 교사에게는 몇 가지 두려움이 있는 것 같다. 첫째, 아이들의 요구는 당연히 공부와 상관없거나 방해가 되는 '게임'이나 '잠', '간식' 이런 것일 테다. 그러한 것을 들어줄 수 없기 때문에 애초부터 묻지 않는다. 들어줄 수 없는 요구를 묻게 되면, 오히려 약속을 지키지 못하는 거짓말쟁이 교사가 될 수도 있기 때문에 묻지 않는다. 둘째, 아이들의 요구를 묻고 들어주는 방식은 학생들을 이기적이고 자기중심적인 사람이 되게 한다. 학생들이 요구하는 것을 한 번 들어주면, 고맙게 생각하는 것이 아니라 더욱 자주 요구한다. 여름에 아이스크림을 몇 번 사주었더니 아이들은 당연히 교사가 사주어야 하는 것처럼 여겼다.

학생들의 요구를 듣는다는 것이 무엇일까? '게임'이 그들의 요구인가? '잠자기'가 그들의 요구인가? '간식'이 그들의 요구인가? 물론 학생들은 이렇게 답할 것이다. 우리는 게임, 잠자기, 간식을 원한다고. 교사는 학생들의 진정한 요구를 들을 수 있어야 한다. '게임'을 통해 아이들이 진정으로 원하고 있는 것은 무엇일까?

1) 무엇인가 이룰 수 있다는 성취감과 존재감

아이들은 게임을 통해 많은 성취감을 경험하고 있고, 게임을 잘하는 학생은 존재감도 충족된다. 반면에 학교에서는 아무리 공부를 열심히 해도 성취감을 경험할 수가 없다. 오히려 좌절감과 낭패감으로 수치심과 존재의 무가치함을 경험하고 있다.

2) 소통, 우정, 소속감, 유대

게임을 알지 못하면 친구들 사이에 끼어주지 않는 게 요즘이다. 게임은 친구와의 소통과 유대를 가능하게 해주는 도구다.

3) 재미

게임은 시간 가는 줄 모르게 빠져들 정도로 흥미롭고 재미있다.

4) 여유와 휴식

어느 때보다 학업에 대한 심한 압박감을 경험하고 있는 학생들에게 게임은 잠시라도 스트레스에서 벗어날 수 있는 여유와 휴식을 제공해준다.

학생들의 진정한 욕구와 필요는 게임 자체라기보다는, 성취감, 존재감, 소통, 우정과 소속감, 재미와 여유, 휴식 같은 것들이다. 이러한 욕구들이 학교의 교육 과정 속에서 경험된다면, 학생들은 굳이 게임을 요구하지 않을 것이다. 오히려 학생들은 우리의 교육으로 인해 수치심, 단절, 지루함, 압박을 경험하고 있지 않은가를 반성해야 한다. 너무 오랫동안 학생들은 생기와 희망이 아니라, 수치심과 단절에 노출되어 있고 내면화되어 있다. 학생들이 무엇에 목마르고 있는지 교사가 볼 수 있어야 하지 않을까?

우리는 학생들이 기성세대와 사회적 요구에 순응하도록 길들여 왔다. 그로 인해 학생들은 자신의 욕구를 알아차리는 능력을 잃고, 자신과 단절되는 타율적이고 수동적인 삶을 살아가고 있다. 세상과 역사는 변화한다. 변화하는 세상에 마치 정답이 있는 양 가르치거나 통제해서는 안 된다. 변화하는 세상과 역사에 객체가 아니라 주체로써 살아갈 수 있도록 학생들을 도와야 한다.

이를 위해, 학생들의 내면에서 생생하게 올라오는 필요와 요구를 교육적으로 건강하게 풀어줄 수 있는 배움의 공간을 열어주어야 한다. 이것이 학교와 교사의 역할이다. 교사는 학생의 요구와 필요를 묻고, 교육적으로 풀어가기 위한 고민을 하자. 학생의 필요를 채우기 위해 연구하자.

02

교사는 공간을 창조하는 자

내면적인 변화에 관련해서 당신이 할 수 있는 것은 아무것도 없습니다.
당신은 당신 자신을 변화시킬 수 없으며, 당신의 동료나 다른 누구도 변화시킬 수 없습니다.
당신이 할 수 있는 일이 있다면, 은총과 사랑이 들어올 수 있는 공간을,
변화를 위한 공간을 창조하는 것뿐입니다.
– 에크하르트 톨레

공간이 주는 힘

우리 반에는 다양한 체크 리스트가 있다. 지각하지 않기, 급식 잔반 남기지 않기, 수업 시종 지키기, 수업 중 지적받지 않기, 과제 미제출자 등등. 아이들의 일상생활을 꼼꼼하게 나누어 체크하고 일정 기간이 지나면 통계를 내서 상벌을 주거나 생활 지도에 활용하였다. 체크 리스트 관리는 학생들이 일주일씩 돌아가면서 담당했고, 체크 리스트 누계는 교실 한쪽 벽면에 붙여놓아서 누구나 확인할 수 있도록 했다. 이러한 체크 리스트 방식이 나름 객관적이고 합리적이며 공평하다고 생각했다.

그러던 어느 급식 시간, 두 학생 사이에 실랑이가 붙었다. 우리 반은 음식을 남기는 사람을 체크하는 규칙이 있었는데, 그 과정에서 싸움이

벌어진 것이다. 급식 잔반을 검사하는 과정에 티격태격하더니 결국에는 서로 욕설을 주고받다가 멱살까지 잡게 되었다. 그런데 그런 일들은 그 후에도 자주 발생했다. 체크하는 학생과 체크 당하는 학생 사이에 갈등이 빈번해졌을 뿐 아니라, 평소 친한 친구는 규칙을 어겨도 봐주고 관계가 좋지 않은 친구에게는 과잉 규제를 하기로 했다. 부당한 대우를 받았던 학생이 체크 리스트 담당자가 되면 자신이 당한 만큼 돌려주는 일도 발생했고, 자신이 규칙을 위반했을 때는 아예 기록하지 않는 일도 생겼다. 힘센 학생의 규칙 위반에는 침묵하고, 힘이 없어 자기 목소리를 내지 못하는 학생은 책임 전가의 희생양이 되었다. 이처럼 학급 대부분의 분쟁 씨앗은 체크 리스트와 관련된 것들이었다. 체크 리스트 중심으로 학급 운영을 할수록 학생들 사이에서는 서로를 감시하고 지적하는 분위기가 늘어났고, 그로 인해 학생 사이의 관계성이 깨지고 서로에 대한 미움과 비난으로 가득해져 갔다. 그 이후로 나는 몇 년 동안 학급 운영에 적용해 왔던, 일명 '체크 리스트 학급운영'를 그만두게 되었다.

교사 자신이 의식하지 못할 수도 있지만, 교사의 학급 운영 방식은 학생들의 관계 패턴과 학급 분위기에 커다란 영향을 준다. 교사는 학생들의 행동을 문제 삼기 전에 자신이 만들고 있는 교실 공간을 돌아볼 수 있어야 한다.

가르침은 공간을 창조하는 것

'왜 나는 학생들을 변화시키지 못할까?'의 질문은 오랫동안 나를 절망스럽게 했다. 왜냐하면 '교사는 학생을 변화시켜야만 하고, 그렇지 못하면 교사로서 능력이 부족한 것이다.'라고 생각해 왔기 때문이다. 그러나 나는 이제 어느 누구도 변화시킬 수 없다는 것을 알게 되었고, 다만 교사로서 변화의 공간을 창조할 수 있을 뿐이라는 것을 깨달았다. 파커 파머가 "가르침은 진리의 공동체가 실천되는 공간을 창조하는 것이다."라고 말했듯이, 가르침은 배움의 공간을 창조하는 것이고, 교사는 공간을 창조하는 사람이다. 그런 공간은 어떤 공간일까?

첫째, 안전한 공간이다.

'배움'은 학생이 안전함을 느끼지 못한다면 절대로 발생하지 않는다. 배움의 공간이 되기 위해서는 물리적 안전뿐 아니라 심리적으로도 안전해야 한다. 안전한 공간에서 학생들은 거짓 자아에서 벗어나 있는 그대로의 참된 자아로 살아갈 수 있다. 참된 자아는 공동체에서 수용되고 지지 받으면서 건강하게 확장되고 성장하게 된다.

파머가 "'e-ducate(교육한다)'라는 본래 의미는 안에 있는 것을 밖으로 불러낸다는 것이다"[2]라고 말한 것처럼, 교사는 학생들 내면의 참된 자아를 밖으로 불러내고 목소리를 낼 수 있는, 안전하고 신뢰가 있는 공간을 만드는 것이 중요하다. 안전한 공간을 지키는 교사는 학생들의 내면을 살피는 공감자이다.

둘째, 소통과 대화의 공간이다.

---

2   제1회 삼선배움과나눔재단 심포지엄 '흔들리는 터전에서 고요한 중심 잡기' 자료집, 2010, 93쪽.

지식을 전달하는 것만이 가르침이 아니다. 지성, 감성, 영성이 혼연일체가 되었을 때 온전한 배움과 성장이 일어난다. 교사는 이를 위해서 지식 전달 방식에서 벗어나 '교사-학생-사물(세상)'이 대화할 수 있는 공간을 만들어야 한다. 학급 안에서는 각기 다양한 목소리가 수용되고 소통되어야 한다. 개인의 삶의 경험과 지혜가 존중받고 소통되는 과정은 개인의 주관성을 객관화시키고 성장시킨다. 그리고 공동체는 문제 해결의 새로운 가능성과 공동의 지혜를 발현시킨다.

소통과 대화의 공간을 지키는 교사는 권위적인 지식 전달자가 아닌, 학생과 함께 배움의 세계를 탐험하는 공동의 탐구자이자 소통을 돕는 대화 진행자다.

셋째, 사랑과 평화의 공간이다.

교실에는 많은 긴장과 갈등의 순간들이 있게 마련이다. 특별히 정답을 알고 있다고 생각하는 교사는 학생들의 다양한 목소리를 존중하고 수용하기보다는 자신의 답을 제시하고 학생들이 교사의 뜻대로 변화되기를 바란다. 그러나 갈등과 긴장의 순간에 교사가 섣불리 자기 기준으로 판단하고 개입하는 것은 도움이 안 된다. 오히려 배움과 성장을 위해 기다려주고 잘 견뎌주어야 한다.

또 한 번 언급하게 되지만, 누구도 다른 사람을 변화시킬 수 없다. 에크하르트 톨레의 말처럼, "당신이 할 수 있는 일이 있다면, 은총과 사랑이 들어올 수 있는 공간을, 변화를 위한 공간을 창조"할 수 있을 뿐이다. 이를 위해 교사는 감정과 고통의 소용돌이 속에 매몰되지 않도록, 현재를 있는 그대로 인식하고 자각할 수 있는 내면의 힘이 있어야 한다. 사랑과 평화의 공간을 지키는 교사는, 재판관이 아니라 평화의 중재자이다.

'왜 나는 학생을 변화시킬 수 없는가?'의 고민 밑에는 '나는 교사로서 학생을 변화시켜야 한다.'라는 강박관념이 있었다. 그리고 학생을 변화시킬 수 있다는 신념 밑에는 억압적인 권위주의 문화가 깔려 있었다. 권위적이고 억압적인 힘에 의한 변화는 일시적으로 가능할 수는 있다. 하지만, 학생들이 자신의 본성을 잃지 않으면서 주체적으로 성장하도록 돕지 못한다. 삶에 있어서 우리의 본성과 단절된 수동적인 객체로 사는 학생들이 많아지면 결과적으로 타인과 공동체를 해치게 된다.

교사는 학생의 변화와 성장을 도울 수 있다. 이때 변화와 성장은 교사가 학생을 변화시키려는 의도를 내려놓고, 사랑과 존중의 마음으로 배움의 공간을 만들어주었을 때 오는 선물과 같은 것이다.

학생을 배움의 공간으로 초대하라. 그곳에서 교사가 공감자로, 공동탐구자로, 대화 진행자로, 평화의 중재자로 존재하라. 그럴 때 비로소 학생들은 초대에 기꺼이 응하게 될 것이며, 그곳에서 학생은 자신의 본성을 잃지 않으면서 교사와 함께 즐겁게 배우고 성장할 것이다.

끊임없이 질문하고 대화하기

대화는 객체를 주체로 변화시키고,
억눌린 자를 해방시키는 의식화의 수단이다.
– 파울로 프레이리(Paulo Freire)

답을 전달하는 교사, 질문하지 않는 학생

이제껏 교사들은 답을 전달하는 역할을 충실히 해 왔다. 객관적이고 절대적이라고 여기는 지식을 학생들에게 주입시키고 암기하도록 했다. 모든 문제에는 정해진 답이 있었기 때문에, 문제에 대해 의문을 제기하거나 비판적으로 생각할 필요가 없다. 교사가 훈련을 시키면 학생은 훈련을 받고, 교사가 말하면 학생은 듣기만 하면 된다. 학생들은 수업 시간에 질문하지 않는다. 학생들은 더는 인식의 주체가 아닌 것이다.

나는 도덕 교사로서 오래도록 학생들에게 수많은 도덕 덕목들을 가르쳐 왔다. 절제와 아량, 믿음과 의리, 예의와 염치, 청렴과 검소, 효도와 어른 공경…. 이러한 덕목들을 학생들은 초등학교 때부터 배워 왔지만, 현재 학생들은 학년이 올라갈수록 도덕적인 사람으로 성장하고 있지 않다. 오히려 학생문화는 갈수록 폭력적이고 이기적으로 변하고 있다.

왜 학생들은 많이 배울수록 인격적으로 성숙해지지 않는 것일까? 교육학자 파울로 프레이리는 이론과 실천이 결합된 대화 방식(praxis)[3]의 교육이 세계를 변혁시킬 수 있다고 했다. 즉, 학생들은 삶의 경험과 동떨어진 이론만 암기하기 때문에, 그들이 배운 지식은 삶에 영향을 주지 못하고 있는 것이다. 지식이 세상과 삶으로 연결되지 않고 소통되지 않기 때문에 학생들의 마음을 자극하지 못하고 도전을 주지 못하고 있다. 학생들에게 지식은 단지 시험 볼 때 필요할 뿐이다.

실재(reality)는 관계적으로 존재한다. 관계적으로 존재하는 실재는 상호작용, 또는 관계적 배움을 통해 가장 잘 배울 수 있다. 학생들도 사물에 대해 탐구하고 배울 때, 관계적 방식으로 배울 수 있어야 한다. 즉, 사물에 질문하고, 서로 다른 생각들을 소통하고 대화할 때, 그 사물에 대해 더 잘 알게 되고 이해하게 된다. 사물에 대한 지식은 학생들의 삶과 관계하면서, 학생들의 삶에 영향을 끼치게 되는 것이다.

지금 돌아보면, 수많은 도덕 덕목들은 학생들의 삶과 단절된 채 의미 없는 단어로만 학습되어 왔던 것 같다. 가령 '청렴'은 나에게 어떤 의미인지, '청렴'은 내 삶 속에서 어떻게 경험되고 있는지, 우리 사회에서 '청렴'은 어떤 모습인지, '청렴'은 이 사회에서 어떤 역할을 하고 있는지,

---

3 '말'에는 성찰과 행동이라는 두 가지 요소가 있는데, praxis는 이 양자가 상호작용하는 것을 말한다. 즉, 이론적 실천, 성찰적 이론, 성찰적 실천을 의미한다.

꼭 필요한 것인지…. 다양한 각도로 질문하고 대화해볼 수 있었을 텐데 말이다. 그저 영혼 없이 당위적인 잣대로 무조건 받아들이도록 일장 연설하듯 전달되었던 도덕적 가치들이었다. 아이들에게는 이것이 당위적인 덕목으로 인해 고리타분하거나 압박의 것으로 다가왔을 것이다.

대화하지 않는 위험한 사회

2014년 4월 16일, 인천에서 출발해 제주로 가던 6,825톤급 청해진 소속 여객선 세월호가 진도해상에서 침몰했다. 이 배에는 수학여행 길에 오른 경기도 안산 단원고 학생 325명, 교사 15명, 일반 승객과 승무원 등 모두 476명이 탔으며 차량 150여 대도 싣고 있었다. 세월호는 빠른 속도로 기울기를 시작하여 완전히 뒤집힌 채 2시간여 만에 침몰했다. 구조자 174명을 제외하고는 300여 명의 생명을 앗아간 충격적인 사건이었다.

세월호 참사는 생명보다 경제적 가치를 최고의 선으로 추구하는 사회가 얼마나 위험한지, '가만히 있어라'로 상징되는 지배 구조적 교육 메커니즘이 위기의 상황 때 우리에게 어떻게 작동되는지 적나라하게 보여준 참사였다. 세월호 참사와 관련하여 교과부에서는 학교를 단속시키는 많은 공문을 내려 보냈다. 학생들 사이에서나 교사들 사이에서나 세월호 참사의 충격으로 인한 아픔과 공분이 있음에도, 그것에 대해서 드러내놓고 말할 수 없도록 하였다. 세월호와 관련된 이야기들은 대화되지 않았고, 억압되었다. 학교마다 그로 인한 부작용들이 발생되었다. 고1 남학생이 카톡에 "나라면 밖으로 나갔을 텐데, 바보같다."라는 말을 남겼는데 그것이 페이스북에까지 올려졌다. 그로 인해 그 학교의 여러 명이 그 학생에게 몰려가서 욕설과 비난을 하였고, 그 충격으로 그 남학생은 중간고사 시험을 마치자마자 다른 곳으로 전학을 갔다.

세월호 참사는 우리 모두에게 충격적인 일이 아닐 수 없다. 충격을 경험했지만, 그 일에 대해서 자유롭게 대화하는 것은 통제가 되었다. 세월호 참사는 학생들에게 교육적으로 다루어져야 할 일임에도 대화되지 않고 억압된다면, 오히려 교육적이지 않은 방식으로 분출될 수밖에 없다. 대화하지 않는 사회는 우리를 더욱 큰 위험으로 몰아간다.

'좋은교사운동'에서 배포한 애도 수업안을 바탕으로 고2 학생들과 수업을 진행했다. 학생들에게 세월호 사건을 보면서 느꼈던 마음과 떠올랐던 생각들을 자유롭게 나누도록 했다. 무책임한 선장과 선원에 대한 분노, 문제가 있을 때마다 '미안해'라는 말만 수십 년째 하는 어른들, 안전보다 돈을 더 중요시했던 선박회사, 지도력 없는 정치인들, 거짓된 언론, 무능력한 해경, 자신이 세월호에 갇힌 꿈을 꾼 일, 사건이 있던 날 친구들과 떡볶이를 먹으며 즐겁게 보낸 일로 미안한 마음…. 대부분의 학생들은 분노와 슬픔을 느꼈다며 눈물을 보였다. 그런데 그중 두 명은 특별한 느낌을 느끼지 않는다고 말하면서 자신의 공감 능력이 부족한 것인지 염려했다. 사람마다 경험하는 감정이 다를 수 있고, 다른 느낌과 생각들을 솔직하게 말하고 공유하는 것이 더 중요하다고 말해주었다. 애도 수업이 어떤 특정한 감정을 느끼도록 강요하는 수업이 된다면, 또 다른 억압하는 시스템의 도구가 될 것이기 때문이다. 학생들은 이번 사고로 인해 잃어버린 가치들을 기억하는 시간을 가졌고, 잃어버린 가치를 지키기 위해 각자 할 수 있는 일과 공동체가 할 수 있는 일에 대해 제안했다. 그리고 쪽지에 편지나 느낌, 생각들을 기록하여 소망나무를 만드는 것으로 수업을 마무리하였다.

세월호에 대해 이야기하는 것을 통제하기보다, 오히려 안전한 대화의 장을 열어놓고 서로 다른 의견일지라도 존중하는 분위기 속에서 허심탄회하게 대화하는 기회를 갖는 것이 더 건강하고 교육적이라고 생각한다. 내면을 억압하는 것은 자신을 위해서나 공동체를 위해서나 위험하기 때문에, 안전한 대화의 장을 마련하는 것이 우리 모두를 돕는 일이다.

객체가 주체로 변화하기

명백한 답을 제시하는 교육의 가장 큰 문제점은 '정답과 의문 간의 단절'에 있다. 교사의 답은 무수히 많은 것 중 하나일 뿐이다. 그렇기에 더욱 교사는 학생들에게 정답을 제시하는 역할을 해서는 안 된다고 생각한다. 그 대신에, 교사가 먼저 지식이 세상과 어떤 관계를 맺는지 맥락적으로 이해하고 질문하며 대화해야 한다. 질문하는 교사가 질문하는 학생을, 대화하는 교사가 대화하는 학생을 기른다.

'노예는 질문하지 않는다'라는 말이 있다. 학생들이 인식의 주체가 될 수 있도록 질문하게 함으로써, 대화의 장으로 불러들여야 한다. 너무도 상식적으로 보이는 것에 대해서도 비판적으로 보고 질문하고 탐구하도록 안내해야 한다.

"역사는 확정된 것이 아니라, 열린 가능성이다."[4]의 파울로 프레이

---

4   파울로 프레이리, 교육문화연구회 옮김, 《망고나무 그늘 아래서》, 아침이슬, 2003, 22쪽.

리의 말처럼, 세계는 고정된 것이 아니라 변화의 과정 속에 있다. 학생으로 하여금 변화하는 세계 속에서 변화를 주도해 가는 주체로 살아갈 힘을 길러주어야 한다. 그것이 교사의 역할이지 않을까.

협력을 이끌어내는 교사의 리더십

느낌과 기쁨은 가르치고 설교하려 하거나
자기가 원하는 걸 남에게 시키려고 할 때는 가질 수 없는 것이다.
– 조셉 칠튼 피어스(Joseph Chilton Pearce)

당근과 채찍 사이

고등학교 2학년 때 나의 담임선생님은 군대를 제대하고 우리 학교로
발령난 지 2년째 되는 분이셨다. 그 선생님은 존재 자체만으로 무서웠다.
단정적이고 명령조의 말투와 야간 자율학습 감독 때마다 가지고 다니는
긴 막대기가 위협적으로 느껴졌다. 사소한 말소리도 허락하지 않고 떠든
사람을 색출해냈다. 그래서인지 우리 반은 쥐 죽은 듯이 조용했다. 학창
시절에 범생이었던 나는 다행히 그 선생님으로부터 혼이 난 적은 없었지
만, 선생님만 보면 화가 났다. 이유 없이 두려움에 휩싸이게 하는 존재감
으로 인해 짜증이 났던 것이다.

막상 내가 교사가 돼 보니 교사로서 적절한 리더십을 갖기가 쉽지 않

았다. 학생들과 친밀한 관계를 갖고 싶어서 편안하게 대해주었더니 학급이 시끄럽고 질서가 없었다. 강압적으로 대하는 것을 좋아하지 않았지만, 필요에 따라 엄격하게 한다는 의미에서 압력을 행사하기도 했다. 내가 고등학교 때 그렇게 싫어하던 명령조의 말투와 막대기를 가지고 다니면서 말을 듣지 않는 아이들에게 으름장을 놓거나 협박을 하는 것이다. 강압적으로 대하면 학생들과 관계가 멀어지고, 친밀하게 대해주면 질서가 무너지는 것 같았다. 그래서 나는 결국에는 상황과 필요에 따라서 당근과 채찍을 오가는 리더십을 발휘했다. 교사로서 엄격함과 친밀함 사이를 유지하는 것이 쉽지는 않았다.

최근에 교사와 학생 사이에 친밀함도 중요하지만 경계를 세워야 한다는 말을 자주 듣는다. 경계를 세운다는 말이 무엇일까? 그것이 단절이나 거리감이 아니길 바란다.

지배 vs 나눔

도표에서 볼 수 있듯이, 질서와 통제를 강조할수록 교사의 리더십은 처벌적이고 권위적이다. '처벌적 리더십'은 교사의 억압하는 힘이 커서 학생들은 교사에게 순종적이고, 학급은 외형적으로 질서 정연하고 일사분란하게 보인다. 하지만 교사와 학생 간의 친밀도가 낮고, 학생들이 교사에게 거리감을 느낀다. 반면에 통제와 질서가 부족하고 지원과 격려에만 집중할 경우의 '허용적 리더십'은 교사가 학생들에게 휘둘려서 어떠한 지도력도 발휘하기 어렵다.

대부분의 학교와 학급 구조는 억압적인 지배 구조의 형태다. 주로 교사 중심의 지배 구조를 이루고 있는데, 최근에는 교사보다 힘이 있는 소수의 학생들 압력에 의해 학급 전체가 휘둘리는 현상이 나타나고 있다. 이는 힘(권력)이 교사에서 학생으로 옮겨졌을 뿐, 교실이 여전히 억압 논리에 따른 지배 구조인 것은 변함없다. 지배 구조의 교실은 위계질서가 뚜렷하고, 따돌림과 같은 힘의 불균형 현상이 나타난다.

지배 구조의 작동 원리는 '억압하는 힘'과 '복종'이며, 이를 통해 결과적으로 순응하는 인간형을 양성하게 되고 권위적이고 억압하는 사회 구조를 유지·재생산하게 된다.

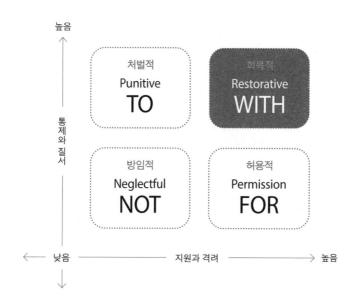

우리는 프랑스 작가이며 언론인인 조르주 베르나노스(Georges Bernanos)의 다음 의견에 주목해야 한다.

나는 오랫동안 이런 생각을 해 왔다. 만약 파괴 기술이 점점 더 발달해서 언젠가 인류가 이 지구상에서 사라진다면, 그 멸종의 원인은 인간의 잔인성 때문이 아니다. 하물며 그 잔혹함이 일으킨 분노, 그리고 그 분노가 가져올 보복 때문은 더더욱 아니다. 그것은 바로 일반 대중의 온순함과 책임감의 결여, 그리고 모든 부당한 명령에 대한 무비판적인 순종 때문이다. 우리가 지금까지 보아온 끔찍한 일들, 또 앞으로 일어난 더욱 전율할 만한 사건의 원인은, 이 세상 도처에 반항적이고 길들여지지 않은 사람의 수가 늘어나기 때문이 아니라, 오히려 온순하고 순종적인 사람의 수가 계속 늘어나고 있기 때문이다.[5]

교사로서 요구되는 리더십은 '힘을 공유하는 리더십'이다. 교사는 의사 결정 과정에서 학생들과 동등한 한 표를 사용할 수 있으며, 리더십의 작동 원리는 '서로에 대한 존중과 협력'이다.

지배하는 리더십과 공유하는 리더십을 구분해 보면 다음과 같다.

---

5   마셜 B. 로젠버그, 캐서린 한 옮김, 《비폭력 대화》, 한국NVC센터, 2011, 46쪽.

지배하는 리더십	힘을 공유하는 리더십
· 입 다물고 가만히 앉아 있어.	· 너는 어떻게 생각하니?
· 지금 당장 해라.	· 너는 내가 한 말이 어떻게 들려?
· 두 번 말하지 않게 해라!	· 너에게 중요한 것은 무엇인지 궁금해.
· 잔소리하지 말고 시키는 대로 해.	· ~해줄 수 있겠니?
· 말대꾸지 마라.	· 이 말을 들었을 때, 네 마음은 어땠어?
· 안 하면 안 돼. 해야만 해.	· 너의 생각이 궁금해.
· ~하지 않으면 벌점이다.	· 제안이나 부탁하고 싶은 것이 있니?
· 네가 원하는 것은 알겠어. 하지만~	· 모두를 존중하기 위해 무엇을 할 수 있을까?
	· 말해주어서 고맙다.
	· 너는 어떤 노력을 할 수 있니?

협력과 존중의 원리

힘을 공유하는 리더십은 N분의 1 영역을 감당하면서 다른 사람의 영역을 침범하지 않는 것이다. 흔히 교사들은 학생들에게 질문을 한 뒤 학생들의 답을 기다리지 않고 정해진 답을 전달한다. 교사가 질문했다면, 답은 학생들의 영역으로 남겨두고 기다려주어야 한다. 교사 혼자서 학급 환경 미화를 하면 빨리 끝낼 수 있다. 하지만 학급의 일을 교사가 혼자 다 장악하지 말아야 한다. 분명 학급을 꾸려가는 것은 교사 혼자가 아니라, 학급 구성원 모두가 협력하여 함께할 때 즐겁고 행복하다. 학생들의 영역까지 교사가 장악한 뒤 학생들에게는 참여의 기회를 주지 않고, 복종만을 요구한다.

교사가 모든 것에 대해 무한 책임을 지려 하지 말고, 학생들의 정당한 영역과 자율성을 존중하고 학생들의 책임을 허락하자. 그리고 학생들과 함께하자.

힘을 공유하는 리더십의 핵심 원리는 '학생들로부터 협력과 존중을 이끌어 내는 것'이라고 생각한다. 이는 마찬가지로 '협력과 존중의 방식'으로 이끌어 낼 수 있는 것이다. 즉, 교사가 학생들을 존중하고 학생들과 잘 협력할수록 학생들도 교사를 존중하고 잘 협력한다. 교사의 철학과 삶이 일치되는 모습은 학생들로 하여금 더 많이 배우게 하고 더 많이 성장하게 한다. 교사의 의도대로 학생들이 순종하도록 하기 위해 억압하는 힘을 사용하지 말고, 학생들에게 협력과 책임을 요구하고 함께하자.

가해자-피해자 구도에서 벗어나기

비폭력이란 궁극적으로 상대를 패퇴시키는 것이 아니라,
상대방·적대자 안에 있는 선함의 가능성을 끌어와 선을 행하도록 하는 것이다.
— 박성용

어떻게 포용할 것인가?

"너 있잖아, 우리 엄마가 그러는데, 너 아픈 애라고 했어. 정상인이 아

니라고…."

"우리 때문에 네가 힘든 게 아니라, 너 하나 때문에 우리 모두가 힘든

거야. 네가 그냥 없었으면 좋겠어. 전학을 가든지!"

아이들은 교사가 옆에 있었지만, 아랑곳하지 않고 은미를 향해 독설

을 쏟아냈다. 아이들은 계속 말을 이어갔다.

"우리 학교가 이상한 거예요. 어디나 왕따는 있어요. 왕따가 없는 곳

은 없어요. 그런데 왜 우리 학교만 이렇게 왕따에 예민해요? 왜 이 난
리냐고요!"

따돌림을 주도했던 수진이의 태도는 더욱 가관이었다. 수진이는 내
내 다리를 꼬고 흔들거리다가 목소리를 높일 때는 의자에서 벌떡 일어
나 비난의 화살을 날리고 다시 앉았다. 말하기 순서를 지키지도 않았고,
상대가 말할 때면 거울을 보며 딴짓을 했다. 수진이가 은미의 잘못을 들
추면서 증언하듯 말하면, 아이들은 수진이의 말이 옳다는 듯 다 같이 고
개를 끄덕였다.

아이들은 은미를 1, 2학기 내내 따돌렸다. 하지만 이 아이들을 학폭
위에 넘기기보다는 다시 기회를 주자는 의미로 아이들을 대화 모임에 초
대했다. 그러나 아이들은 교사와 학교, 그리고 피해자의 선의에 대해 감
사해하기보다 자기 합리화를 위해 악의적으로 이용하고 있었다. 교사가
있음에도 가해 학생들은 피해자를 비난하기만 하고 그의 이야기는 들으
려 하지 않는 상황이 계속되었다. 정상적인 대화가 불가능하다고 판단되
어 중간에 대화모임 중지를 선언했다. 그러자 아이들은 궁시렁거리며 자
리를 떠났다. 대화의 자리를 건의하고 준비했던 나로서는 난감하고 절망
스러웠다. 그리고 동시에 아이들의 뻔뻔스런 태도에 울화가 치밀었다.

교사라면, 피해를 받은 학생은 물론이고 잘못을 한 학생도 품어야 한
다고 말한다. 어느 누구도 포기해서는 안 된다고 한다. 하지만, 따돌림을
주도하고도 미안해하지 않고 죄책감을 느끼지 않는 아이들까지 품어야
하는지 의문이 들었다. 그 아이들을 어떻게 용서할 수 있을까? 용서하는

것이 옳은가? 그리고 그것이 교육적인가? 그런 아이들은 약자를 보호하기 위해서라도 강하게 처벌하는 것이 맞지 않나? 정말 뻔뻔스러운 학생들을 어디까지 품어야 할까?

인간의 선함에 집중하기

뻔뻔스러운 수진이를 난 혼낼 수가 없었다. 화가 나고 괘씸했지만, 수진이가 한 행동과 똑같이 갚아줄 수가 없었다. 그렇게 한다는 건, 수진이의 패턴에 휘말리는 것으로 여겨졌기 때문이다.

어떻게 이 문제를 풀어가야 할지 교사들 간에 회의를 했다. 학생을 포기하지 않는다는 게 무엇인지, 반성하지 않는 학생을 포용한다는 것은 무엇인지에 대한 이야기가 오갔다. 고민스런 회의 결과, 피해 학생의 요구와 필요를 다시 들어보는 시간을 갖고 피해 학생 중심으로 문제를 다시 풀어보자고 했다. 피해자인 은미를 다시 만나서 이야기를 들었고, 은미의 요구는 다른 아이들과는 몰라도 수진이하고는 꼭 오해를 풀고 싶어 한다는 것을 확인했다.

그러나 수진이를 다시 만나는 것은 쉽지 않았다. 우선 수진이는 대화를 거부했다. 자신이 왜 이곳에 다시 와야 하느냐며 강하게 반발했다.

"싫어하는 사람과 왜 억지로 친하게 지내라고 말하는 거예요? 그건 내 개인적인 일이에요. 싫은 사람도 있고 좋은 사람도 있는 건데, 왜 다들 나한테 개하고 친하게 지내라고 강요하는 거예요? 왜 어른들이 참견을 해요! 왜들 그러는 거예요!"

수진이의 말을 들을 때마다 나는 화가 울컥울컥 올라왔다. 뭘 잘했다고 그렇게 당당한지 따져 묻고 싶었다. 매 순간 나는 분노의 소용돌이에 빠져들려는 자신을 보았다. 다행히 그 소용돌이에서 나를 지켰고, 수진이의 마음을 읽기 위해 귀를 기울였다.

> "사람 사이가 항상 좋을 수도 없고 나쁠 수도 없는데, 항상 좋아야 한다고 강요당하고 싶지 않다는 거구나… 친구를 사귀는 것은 개인적인 일이라는 거지? 마음이 맞는 친구를 자율적으로 선택하고 싶다는 거구나… 이 일이 더 이상 커지지 않았으면 좋겠어? …"

수진이에게 귀를 기울일수록, 수진이의 내면 깊은 곳에서부터 나오는 말이 들려오는 듯했다. 그 소리는 아름답고 소중한 것들이었다. 수진이가 이해되기 시작했고, 수진이가 소중하게 다가왔다. 안타까운 마음이 들면서 서서히 내 안에 수진이를 위한 공간이 만들어져 가고 있는 것이 느껴졌다. 그 아이가 진심으로 내 마음에 품어진 것이다. 이제 그 아이가 부족한 인성을 지닌, 개념 없는 이기적인 아이로 보이지 않았다. 수진이의 답답함과 억울함, 호소들이 내 마음 깊은 곳까지 들려왔다. 어찌할 바를 모르고 힘들어 하는 어린 작은 소녀의 모습이 보이는 듯했다.

한참을 호소하던 수진이는 한숨을 쉬더니, 은미에게 사실 미안한 마음이 많다고 말했다. '아, 얼마나 아름다운가.' 수진이는 진심으로 자신의 행동을 반성하고 있었다. 은미의 행동으로 불쾌한 것도 있었고, 선생님들이 은미만 감싸는 것 같아서 억울하기도 했다고 말했다. 그러고는 더는 쳇

바퀴처럼 잘잘못을 따지기보다는 은미와 이야기해서 풀고 싶다고 했다.

그렇게 다시 수진이와 은미의 만남이 이루어졌다. 은미는 막상 대화 모임이 시작하려 할 때는 망설였지만, 고맙게도 다시 용기를 내주었다. 둘 사이에 1시간 동안 진심 어린 대화가 오갔다. 그리고 기적 같은 일이 벌어졌다. 수진이와 은미의 얼굴과 눈에 빛이 나고 있는 것이다! 수진이는 은미가 도움이 많이 필요할 거라고 말했고, 자신이 학급 안에서 은미가 다른 친구들로부터 부당한 취급을 받지 않도록 돕겠다고 말했다. 아이들 얼굴에 환한 미소가 번졌고, 마음이 홀가분해졌다고 했다. 두 아이들은 대화 모임을 마치고 자연스럽게 손을 잡고 교실로 뛰어 갔다. 그 뒷모습은 무척 가볍고 밝아 보였다.

교사로서 나는, 수진이에 대한 적 이미지를 해소하는 것이 힘들기도 했지만 그 순간은 매우 중요한 고비였다. 아이에 대해 나쁜 적 이미지를 가지고 있을 때는 잘못한 만큼 갚아주리라는 생각이 적지 않았기 때문이다. 만약 아이 내면에 있는 선함의 가능성에 집중하지 않았더라면 나는 아이의 외적으로 표현된 이기적인 모습만 보고 판단했을 것이고, 합당한 벌을 찾기 위해 노력했을 것이다.

평화의 중재자가 된다는 것

평화의 중재가가 된다는 것은, 학생들 안에 있는 선함의 가능성에 집중한다는 것이다.

인간에게 악한 면이 있다는 것을 부정하는 것이 아니다. 하지만, 악한 면과 동시에 선한 면이 있다는 것도 부정할 수 없다. 우리가 아이들 안에 있는 '선함의 가능성'에 집중하지 않는다면, 우리의 분노로 인해 아이들을 비인간화하고 결과적으로 선함의 가능성을 파손시키게 될 것이다. 아이를 포용하기 위해, 그리고 분노의 회오리에 휘둘리지 않기 위해 인간의 '선함'에 집중하는 것은 중요하며, 그러한 노력은 결과적으로 당면한 문제를 보다 합리적이고 평화롭게 전환시키는 강력한 힘을 가져온다는 것을 인정하지 않을 수 없다.

결국 평화의 중재자가 된다는 것은, 아이들을 있는 그대로 본다는 것이다. 있는 그대로 본다는 것은, 상대를 역할이나 외모·성적·선입견으로 본다는 것이 아니라 '존재' 자체로 본다는 것이다.

> 남들이 우리를 있는 그대로 수용하는 것이, 그들이 우리가 하는 모든 것을 좋아한다는 의미는 아니다. 우리가 그들이나 다른 사람에게 상처를 주고 있을 때 수동적으로 방관한다는 의미가 아니다. 운이 좋다면, 우리가 알코올 중독에 빠지거나 도박으로 월급을 다 날리기 시작할 때 친구와 가족이 뛰어들어 말릴 것이다. 그들은 우리가 언제 그들의 감정을 다치게 하는지 우리에게 알려줄 것이다. 그리고 운이 더 좋다면, 그들은 우리를 변함없이 사랑할 것이며, 우리가 해로운 방식으로 고통을 표현하는 것의 이면에 있는 인간적 혼란을 수용할 것이다.[6]

타라 브랙의 말처럼, 있는 그대로 본다는 것은 '그 사람이 겪고 있는

6   타라 브랙, 김선주·김정호 옮김, 《받아들임》, 불광출판사, 2012, 410쪽.

인간적인 혼란을 수용'하고 그 아픔과 함께하는 사랑의 행위다. 평화의 중재자가 된다는 것은 대립적 관점에서 벗어난다는 것이다. 문제가 발생했을 때 학생들을 가해자 · 피해자라는 대립적 구조로 본다면, 서로에 대해 적대감을 부추겨 단절과 배제를 야기시키고 공동체의 협력을 어렵게 할 것이다. 어떤 경직된 기준과 규칙 준수에 집착하는 것도 대립적 관점을 갖게 한다. '이것 아니면 저것'이라는 대립적 양극단에 빠지게 되고, 제3의 새로운 가능성을 불가능하게 만들기 때문이다.

무엇보다 내 안에 다른 사람을 위한 공간을 내어주는 것이 중요하지 않을까. 우리 안에는 이미 타인을 위한 공간이 있다. 그 공간을 다른 사람을 향해 열어놓고 기꺼이 내어주는 것, 그것이 바로 우리와 타인의 만남과 연결을 위한 첫걸음이다.

5장
—

한 학급의 작은 도전이
세상을 바꾼다

01

생생한 변화의 목소리가 들린다

근본적인 변혁은 세 가지 단계를 거친다.
첫 번째는 위기를 맞아 낡은 옛것을 떼어내는 과정이며, 세 번째는 새로운 것을 받아들이기 시작하는 것이다.
두 번째 그 사이의 국면, 즉 '이행의 시간'은 매우 긴장감이 넘친다.
이런 한계 영역에서는 낡은 것이 더 이상 작동하지 않으며, 새것은 아직 제대로 작동하지 않는다.
- 조안나 메이시

이 시점에서 학교 현장의 이야기를 빼놓을 수 없을 것 같다. 내가 속한 좋은교사운동에서는 2011년에 생활지도의 새로운 대안으로 '회복적 생활교육'을 제안한 뒤, 그간 회원 중심으로 현장 적용과 실험을 해 왔다. 특별히 2013년에는 '회복적 생활교육 실천가 1년 과정'을 가졌는데, 매달 1박 2일 또는 2박 3일에 걸쳐 훈련하고 토론하며 삶 나눔을 진행해 왔다. 그러면서 회복적생활교육 현장적용에 대한 가능성과 함께 많은 장벽들을 만났다. 이제는 실제 1년간 학교 현장에서 회복적 생활교육을 실천하신 선생님들의 목소리를 통해서 그 가능성과 한계들을 살펴보고자 한다.

인천 ㅅ중학교 이야기

인천의 ㅅ중학교는 2013년 학교 혁신을 위한 다양한 새로운 시도를 하였는데, 그중 하나가 회복적 생활교육을 도입한 것이다. ㅅ중은 기존의 학생부를 '회복 생활부'라는 이름으로 대치하였고, 학기 초부터 학교 시스템 구축을 위해 학교 공동체 구성원의 합의와 동의 과정을 진행했다. 또한 교사·학생·학부모를 대상으로 회복적 서클 및 평화 감수성 워크숍이 꾸준히 진행되었으며, '회복적 서클 외부 진행자'가 매주 화요일마다 방문하여 회복적 대화 모임을 정기적으로 진행할 수 있도록 했다.

매주 개방되어 있는 회복적 서클을 통해 갈등을 회복한 학생들은 1,2학기를 포함하여 총 80여 명이 된다. 80여 명 중에는 학교 폭력 당사자들도 포함되어 있는데, 무엇보다 의미 있었던 것은 피해 학생이 더 이상 폭력의 악순환을 겪지 않고 안전하게 학교생활을 한다는 것이다. 그들은 가해 학생을 피해 다니거나 위축되거나 하지 않았으며, 어떤 경우에는 가해 학생과 친밀한 관계로 변화되기도 했다. 가해자에 비해 오히려 피해자가 위축되어 학교에 부적응하는 많은 현실을 비추어볼 때, 가해 학생과 피해 학생이 함께 안전하게 잘 지낼 수 있다는 것은 매우 고무적인 일이었다. 또 의미 있었던 일은, 2013년 들어서 학교 중도 탈락자가 한 명도 없었다는 점과 함께 학생들이 스스로 자신들의 학교로부터 '존중'받고 있다고 느끼고 있다는 것이다. 회복 생활부가 이전의 생활지도 방식과 달리 엄격한 교문지도를 하지 않고 처벌보다는 대화로 문제를 접근하면서 학생들의 의견을 묻는 경우가 많았기 때문인 것 같다. 그리고 학부모들은 회복적 서클 워크숍 이후에 회복적 서클 공동 진행자로 참여하는 기회가 생겼다.

　반면, 어려움도 많이 직면하게 되었다. 아이들이 시끄러워졌고, 더 예의가 없어졌다는 교사의 평가가 들려왔다. 담배를 피우지 않겠다고 약속한 학생이 일주일 뒤에 약속을 깨고 담배를 다시 피우는 일들로 교사들 간에 회복적 생활교육에 대한 우려의 목소리가 커지기도 했다. 규칙 위반에 따른 대처가 솜방망이 같다라든가, 학생부가 물러 터졌다와 같은 교사들의 만만치 않은 저항에 부딪히고 있다. 심지어 일부 학생들도 "그만 말하고 차라리 때리세요. 한 번 때리는 게 더 나아요."라는 피드백을 한다. 학생들은 존중을 받아서 행복하다고 하면서도 자신들의 행동에 대한 책임을 지는 것에 대해서는 소극적이었다. 타율성에 젖어 있는 아이들은 자율성과 책임을 온전히 이해하지 못하고 혼란스러워하기도 한다.

전주 ㅂ초등학교, 울산 ㄷ고등학교 이야기

　초등학교 5학년 교실에서 갈등이 발생했다. 담임교사는 갈등 당사자들을 회복적 서클로 초대했고, 아이들은 대화의 장에서 자신이 하고 싶은 말을 할 기회를 가졌다. 학생 모두 평화로운 갈등 해결을 경험하자 갈등이 발생할 때마다 교사를 찾아와서 도움을 요청했다. 도움을 요청하는 것이 늘어나고 있지만, 교사는 수업과 업무, 그리고 회의로 인해 학생들의 필요를 그때그때 채워주기에 역부족이었다. 그러다 도덕시간을 통해 '회복적 서클' 주제로 수업을 진행하였는데, 학생들은 그 이후 자신들 문제에 교사가 개입하기보다 스스로 문제를 해결하고 싶어 교사에게 이러한 의견을 건의하였다. 그리하여 또래중재자를 선출했고, 점심시간마다 학생들끼리 갈등을 중재하는 대화 모임을 열기 시작했다. 학생들은 교사 없이도 친구들끼리 문제를 해결할 수 있게 되었고, 각 학생들은 갈등에 대한 대처 능력이 생기게 되었다.

입시로 스트레스가 많은 고3 학급에서는 아침 자습 시간에 자신의 느낌과 욕구를 돌보는 시간으로 체크 인을 실시했다. 그리고 학급 시간에는 비폭력 대화로 다양한 활동들(느낌카드 산책, 욕구로 선물주기 등)을 진행했다. 아이들 반응은 "힘든 고3 시기에 아침마다 자신 스스로에게 '나는 무엇을 느끼는지', '나는 무엇이 중요한지'에 관해 인식하고 친구들과 대화를 나누는 활동을 통해 긴장된 마음에 위로를 받고 힘을 얻게 되었다." "느낌, 욕구 알아차리기를 하면서 내 감정과 느낌에 더 솔직해질 수 있어서 좋았다. 평소 모른 체하고 지나갔던 감정들을 살펴보며 그날 하루를 또 다른 새로운 기분으로 시작할 수 있었다."라는 등의 긍정적 피드백이 있었다.

그렇지만 한편으로는 부정적 피드백도 다양했다. 학생들도 교사 못지않게 바쁜 방과 후 일정으로 회복적 서클을 진행하기가 어려웠다. 담임 교사도 일상적으로 많은 행정 업무와 교무회의, 주어진 시간 안에 진도를 마쳐야 하는 여유 없는 수업 시간 등으로 학급에서 문제가 발생해도 아이들과 차분하게 대화할 수 있는 시간을 내기가 어려웠다. 또 학생을 존중하기 위해서 학생들의 이야기를 들어주려 노력했는데, 학생들이 교사의 말을 잘 따라주기보다 자기주장과 요구가 더 많아지는 경향도 있었다.

서울 ○고등학교 학생자치회 이야기

서울 ○고등학교 학생운영위원회를 지도하신 선생님은 1년 동안 학생 임원을 대상으로 '서클 프로세스'를 중심으로 한 교육과 '비폭력 대화', 인권교육을 진행했다. 그리고 학생들 스스로 학교 행사를 기획하고 진행하고 평가하는 완결 구조로 일해보도록 기회를 주어 '체육대회', '등반대회', '학생의 날', '학생회 임원 선발' 등을 학생들이 진행하였다. 이들은 서클 방식으로 회의를 진행하면서 모든 임원들이 참여하고, 서로 갈등이 있을 때 비난하거나 책임을 떠넘기는 방식이 아닌 갈등을 전환하는 방식으로 공동의 합의된 진행 규칙을 만들어 낼 수 있게 되었다. 일을 기획하고 진행할 때 서로 연결됨으로써 그 역동성을 경험하고 시너지 효과를 낼 수 있게 된 것이다. 그런 경험들은 학생들 삶에 평화의 가치를 인식하고 체득할 수 있는 기회가 되었다. 그러면서 학생운영위원회의 실질적 활동이 늘어나 학생회에 지원하는 학생 수가 늘어나고 학생회장 선거가 치열해졌다. 학생회가 주관한 학교 행사에 학생들의 참여가 높아지면서 학교 문화가 활기차졌고, 학생들의 학교생활 만족도가 높아지는 결과를 가져왔다.

이러한 여러 의미 있는 변화에도 불구하고 서클 프로세스와 비폭력 대화 방식에 내포되어 있는 독특한 대화 방식들에 아직 익숙하지 않아서 학생운영위원들이 학생회를 떠나 학급에서 생활할 때는 배운 것을 잘 적용하지 못하고 있다. 또한 학교 문화의 흐름을 바꾸는 역할에만 머무르고 마는 경향이 있고 실질적으로 학교 안에서 서로 존중하고 배려하며 안전하고 평화로운 학교를 주체적으로 만들어 가는 데까지는 미치지 못하고 있다.

전주 ㅂ초등학교 이 선생님 이야기

작년까지는 아이들이 싸우면 일단 누가 먼저 그랬는지, 왜 그랬는지 취조하듯이 따지고, 각자 잘못한 것을 확인시키고 둘 다 잘못이 있으니까 서로 사과하라고 하며 끝냈다. 그 과정 중에 교사는 싸우는 아이들 못지않게 화를 내게 되고, 옳고 그름을 인정하지 않게 되면 인정하게 될 때까지 화내고 윽박지르고, 폭력적인 말로 협박도 하게 되었다. 그러나 회복적 서클을 배운 이후로는 아이들이 싸우면 일단 회복적 서클부터 열었다. 요즘 아이들은 워낙 바빠서 하교 후 학원 가느라 시간을 내기 힘들어서, 사전 서클과 본 서클을 쉬는 시간, 점심시간, 청소 시간에 약식으로 진행했고, 조금 중요한 사건인 경우에는 아침 자습과 전담 시간을 활용했다. 서클을 진행하면서 가장 크게 느낀 점은 교사인 내가 흥분하고 화낼 일이 없다는 것이다. 그전에는 내가 계속 판단하고, 잘못의 경중을 정해주고, 교통정리 하느라 화내고 흥분하기 일쑤였는데, 서클을 진행하면서는 나도 집중해서 아이들 말을 들어야 하고 한쪽에서는 진행 순서를 생각해야 하기 때문에 화를 낼 틈이 없었다. 다만, 아이들이 어떤 식으로 책임을 져야 할지 잘 모르겠다고 할 때, 작은 아이디어를 제공해줄 뿐이었다. 회복적 서클을 하면서 느낀 점은 교사가 잘못을 알려주고 처벌을 하지 않아도 서로 다른 사람의 얘기를 잘 들어보면 상대에 대해 공감하고 이해하게 되어 스스로 잘못을 인정하고 그에 대해 책임을 지려 한다는 것이다.

반면 어려웠던 점은, 일이 많아서 바쁘거나 마음의 여유가 없을 때는 평소의 습관이 나온다는 점이다. 아직도 옛 패러다임과 습관에 젖어 있는 점이 많고, 새로운 가치와 기술들이 체득되지 않은 점들이 있다.

02

빛과 그림자, 둘 다를 끌어안기

길이 닫힐 때 불가능을 인정하고 그것이 주는 가르침을 발견하라.
길이 열릴 때 당신의 재능을 믿고 인생의 가능성에 화답하라.
−파커 파머

현장 적용에서 마주치는 장벽들

회복적 생활교육을 학교 현장에서 실천하는 일은 그리 녹록치 않았다. 일단 1년의 과정 동안 회복적 생활교육을 함께 훈련하고 실천했던 선생님들을 통해 현장의 장벽들을 점검해보았다.

첫째, 교사의 체득화 문제

아직까지 교사들은 응보적 생활 태도가 체질화되어서 회복적 생활교육의 태도를 지속하기 힘들었다고 고백했다. 갈등을 회복적 서클로 다루겠다고 결심했지만, 학생들의 이야기를 편견 없이 듣기 전에 교사의 판단으로 해결하려는 습관적 태도를 보이는 것이다. 특히 마음의 여유가 없거나, 바쁜 학교 일정으로 학생들을 통제하고 관리하게 되는 패턴을 반복하게 되는 경향이 있었다.

둘째, 시간의 부족

교사들이 느끼는 학교 업무의 속도는 해가 갈수록 빨라지고 있다. 아침에 출근하여 수업을 마칠 때까지 하루가 쳇바퀴처럼 돌아간다. 행정 업무는 쉬는 시간과 빈 수업 시간을 이용하여 처리하고, 수업 시간엔 정해진 분량의 진도를 마치기 위해 아이들과 대화할 기회도 없이 일방적으로 지식을 학생들에게 쏟아붓는다. 수업 시간에 졸거나 자는 학생, 떠드는 학생, 여러 이유로 수업에 집중하지 못하는 학생들이 있어도, 학생들의 개별적 상황을 돌보거나 도울 수 없다. 진도를 분량까지 나가주어야 중간·기말 고사 일정에 지장을 주지 않는다. 수업이 끝나고 학생들이 집으로 돌아가도 교사는 교사 연수에 참여해야 한다. 바쁜 시간에 교사 연수를 참여해야 하는 부담 때문에 연수 시간에 교사들은 업무를 싸가지고 오는 경우가 많다. 그런 교사들은 연수에 집중하지 못하고, 학생들처럼 연수 시간에 밀린 업무를 하면서 딴짓을 하게 된다. 학생들 또한 교사 못지않게 바빠서 방과 후에는 남으라고 하면 매우 싫어한다. 여유 없는 일과는 교사로 하여금 학생들의 이야기를 귀담아 듣지 못하게 하며, 학생의 변화를 기다려주지 못하게 하고 학생을 행정 업무 처리하듯 대상화하게 된다.

셋째, 권위적이고 통제 중심의 교사 · 학교 시스템과의 갈등

대부분 교사들은 강압적인 생활지도에 익숙하다. 물론 관리자는 원칙론적으로는 학생들에게 화내기보다는 대화하라고 지시하지만, 실질적으로 학생들을 강하게 통제하기를 요구하기가 쉽다. 교사들마다 각기 다른 생활지도 방식은 학생들로 하여금 혼란을 주기도 한다. 회복적 생활교육을 이해하고 시도하려는 교사들이 아직은 소수여서 학교 내 지지 그룹이 없기 때문에, 시도가 실패했을 때 다시 도전하기에 어려움을 겪는다. 권위적이고 통제 중심인 학교 시스템과 패러다임은 회복적 생활교육의 가장 큰 장벽이다. 하지만 패러다임과 시스템은 쉽게 변하지 않으며, 빠른 변화를 요구해서도 안 된다. 왜냐하면 모든 교육 공동체가 충분히 이해되고 동의되지 않은 상태에서 추진되는 정책은 항상 저항을 불러왔고, 결과적으로 실패했기 때문이다. 또한 구성원의 동의 없이 일을 추진하는 방식은 과정을 중시하는 회복적 생활교육의 패러다임과도 거리가 멀다.

넷째, 학생들의 수동성

회복적 생활교육의 시도는 초반에 학생들에게 호응을 얻는다. 학생들은 그동안 자신의 목소리를 낼 수 없었다가, 교사가 학생들과 소통하고 존중하고자 하는 태도에 환영한다. 그러면서도 학생들은 강압적인 교사의 말을 잘 듣는 데 비해, 존중을 실천하는 교사에게는 자기주장만 내세우고 자기 행동의 책임에 대해서는 아주 소홀하다. 교사의 친절을 이용하는 경우도 많다. 잘못을 반성하고 다시는 하지 않겠다고 하면서 벌을 모면하려 하지만, 약속 이행 의지는 약하다. 심지어 어떤 학생들은 "선생님, 말로 하지 말고 그냥 때려요. 때리는 게 훨씬 빨라요."라고 주문한다. 자신이 노력한 만큼 학생의 변화를 보고 싶어 하는 것이 교사다. 통제하기보다는 소통과 존중을 중요하게 여기는 교사들은 학생들도 똑같이 소통하고 존중하기를 기대하는데, 실제로는 이기적으로 행동하거나 잘못을 반복하는 경우를 보면서 교사로서 맥이 빠지고 지쳐 회복적 생활교육을 포기하고 싶어진다.

다섯째, 회복적 생활교육에 대한 오해

회복적 생활교육에 대한 오해와 더불어 확신이 부족한 경우가 많다. 회복적 생활교육을 실천하는 교사는 카리스마도 없고 통솔도 못하는, 나약한 교사라는 인식이 있는 것 같다. 또한 회복적 생활교육은 온정적이고 허용적이며 처벌을 거부하기 때문에, 학생들로 하여금 자신의 잘못을 뉘우치게 하지 못한다고 여겨진다. 학생들에 대해 지나치게 낙관적이라고 우려하는 목소리도 있다. 회복적 생활교육을 실천하려는 교사도 경험의 부족과 익숙하지 않음으로 해서 실패할 때 의기소침해지면서 새로운 시도에 대해 두려움을 갖기도 한다.

그래도 가야할 길

1년 동안 함께 훈련하고 성찰을 나누었던 선생님들은 현장 적용에서 많은 어려움과 한계가 있었음에도 불구하고, 회복적 생활교육을 포기할 수 없었다고 했다. 포기할 수 없었던 이유들은 어떤 것이 있었나?

첫째, 공감 그룹의 지지와 연대

회복적 생활교육을 실천하는 과정에서 가장 힘이 되었던 것은, 자신의 성공과 실패에 대해 판단 없이 있는 그대로 들어주고 공감해주었던 공동체였다.

> "힘들고 어려울 때가 많았는데 함께 하는 공동체가 있다는 것이 힘이 났다. 다 때려치우고 싶고 외롭고 쓸쓸했는데 그럴 때마다 지원해주시고 힘을 주셔서 다시 일어날 수 있었다."
> "나 혼자 하는 것이 아니구나라는 생각을 하면 힘이 났다."
> "주기적으로 만나서 선생님들과 친밀한 교제를 나눌 수 있어서 좋았고, 든든하게 지원받는 느낌이 들었다."

둘째, 꾸준한 훈련과 체화

1년 동안 학기 중에는 매달 1박 2일, 방학 중에는 2박 3일의 워크숍을 진행했다. 이러한 과정은 배운 내용에 대한 심화와 실천 사례에 대한 피드백을 가능하게 했고, 익숙하지 않은 기술을 조금씩 체화하는 데 도움이 되었다. 무엇보다 도움이 된 것은 기술에 대한 숙련보다는 가랑비에 옷 젖듯이 회복적 패러다임에 익숙해지고 편해진다는 것이다. 또한 패러다임의 변화는 기술의 숙련이라는 선물을 가져다주었다.

> "일회성이 아니고 배운 내용을 실천하고 피드백을 받을 수 있어서 도움이 많이 되었다."
> "매달 만나서 나누는 것이 도움이 되었다. 한번 배우고 말았다면 실천도 중단했을 것 같다. 실패담을 듣고 위로도 되었고, 성공담을 통해서

는 용기와 도전을 받았다."

셋째, 교사로서의 정체성 회복 (교육적 가치 회복)

많은 실패와 두려움, 혼란에도 불구하고 회복적 생활교육을 포기하지 않았던 중요한 내적 동기는, 회복적 생활교육의 관점이 매우 교육적이며 그것이 교육자로서의 비전을 갖게 했다는 것이다. 교육철학적인 면에서 회복적 생활교육은 교사에게 교육자로서의 자부심을 가져다주기에 충분했다. 기존의 생활지도의 주된 방향은 통제였고, 통제를 위한 수단으로 강압이나 상과 벌을 사용했다. 이는 행동을 수정하려는 동기가 주로 두려움이나 수치심, 의무감이라서 자발적인 책임과 자율적인 도덕성을 이끌어 내기에 쉽지 않았다. 갈등이 발생했을 때도 교사는 교육자로서의 입장보다는 마치 경찰과 같은 역할을 하게 되고, 그로 인해 교사로서의 정체성에 대한 혼란을 겪게 했다. 특별히 학교 폭력에 대한 여러 가지 대책이 발표되었지만 만족할 만한 대안을 찾지 못하고 있었던 때에, 회복적 생활교육의 대안은 교육적으로나 효과적으로나 큰 만족감을 경험하게 해주었다.

"교직 문화를 새롭게 인식하고 비전을 공유하는 기쁨, 진정한 수평 문화, 같은 방향을 걷는 사람들과의 공유는 나에게 큰 힘과 활력소가 되었다."
"회복적 생활교육의 방향이 옳은 것 같다. 매를 들거나 사탕을 주는 방식이 아니라, 공감 능력이나 평화적 갈등 해결 능력이라는 교사로서의 전문성을 통해 학생들을 교육적으로 이끈다는 자부심이 컸던 것 같다."

"기존의 생활지도 방식은 뭔가 문제가 있다고 생각하고 있었지만 대안은 찾지 못했는데, 회복적 정의와 회복적 서클을 만나게 되어 놀랍고 반갑다."

넷째, 내면의 힘과 삶의 변화

1년의 과정을 정리하면서 선생님들은 스스로 좀 더 단단해진 내면의 힘을 만날 수 있었다. 실패의 경험이나 상황에 휘둘리기보다 갈등의 폭풍 속에서도 중심을 잡을 수 있는 힘이 성장하고 있음을 발견하고 축하할 수 있었다.

"문제가 발생했을 때 위기 대처 능력이 생겼다. 정말 다급한 상황이었는데 그때 마음의 평정을 찾을 수 있었고, 문제가 잘 해결되었다."

"갈등을 직면하는 데 회피하려 하지 않고, 갈등 해결에 대한 자신감이 생겼다."

"과중한 업무 속에서도 마음의 여유와 평화를 찾을 수 있는 힘이 생겼다."

"아이들에게 소리를 지르지 않으면서 문제를 해결하고, 문제 해결 과정에서 오히려 아이들과의 관계성도 좋아졌다."

회복적 사회의 지름길을 만드는 교사

시너지는 낡은 것을 버리고 새것을 받아들일 때 비로소 발생하는 법입니다.
우리의 행위가 효과가 있을지 알지 못한다 해도, 그것이 장기적으로 미칠 효과를 굳게 믿는 태도가
필요합니다. 자신의 행위에서 생성되는 문화를 생각할 때, 바람직한 인식 구조는
호스피스 봉사자라든가 새 생명을 위한 산파의 역할을 요구합니다.
진화론적 대변화가 일어난 모든 시대마다 이 두 가지 역할이 필요했습니다.
–조안나 메이시

회복적 생활교육을 학교 현장에 실천하는 데 있어서 가장 큰 힘이고 동력인 건 바로 교사다. 교사의 변화는 교육의 질을 변화시키는 데 매우 핵심적인 과제다. 교사의 성장은 튼튼한 나무 한 그루의 성장과도 같은데, 아무리 튼튼한 나무라도 거친 태풍에는 꺾기고 부러지기도 한다. 그리고 튼튼한 나무 한 그루도 소중하지만 숲을 이루어야 바람과 태풍을 이겨내 풍성한 생태계를 유지·보호할 수 있다. 회복적 생활교육의 숲을 이루기 위해서는 이렇듯 개개인의 교사의 변화도 중요하지만, 교육적 시스템의 변화와 사회 공동체의 협력도 중요한 것이다. 회복적 생활교육을 현장에 적용하기 위해서 우리가 풀어야 할 과제는 무엇인가?

첫째, 교사의 역량 강화를 위한 지원책 마련

교사는 평화적 의사소통과 공감 능력, 갈등의 평화적 문제 해결 역량, 평화 감수성 등을 강화할 필요가 있다. 배움은 교사의 정직한 삶을 통해 가장 잘 일어난다. 교사가 곧 '평화'가 되었을 때에야 애쓰지 않아도 평화의 기운이 자연스럽게 학생들의 삶과 배움의 공간에 흘러가게 된다. 교사가 공감을 가르치려고 할 때보다 공감으로 살아갈 때 배움이 일어난다. 그래서 교사의 역량은 매우 중요하다. 하지만 교사도 권위적인 문화 속에서 배우고 자라왔기 때문에, 교사의 역량 강화를 위한 지원과 내적 동기를 일으킬 수 있는 환경을 제공받을 필요가 있다. 최근 교과부의 '학교 폭력 유공 교원 승진 가산제' 발표로 인해 현장의 많은 교사들로부터 공분을 산 일이 있었다. 교과부는 교사의 변화를 주도하기 위해 여전히 외적 포상이나 징계를 사용한다. 그러나 교사를 상벌로 통제하려는 의도는 오히려 교사로 하여금 모멸감을 느끼게 한다.

학교에서는 교사에게 역량 강화를 목적으로 의무적인 교직원 연수를 늘리는 추세다. 하지만, 이런 연수 또한 교사의 학교 현실에 대한 공감 없이 이루어져서, 오히려 교사의 피로도만 높여 저항을 불러오고 효율성도 떨어지는 결과를 불러오고 있다. 교사의 내적 동기를 높여주는 방식의 교사 지원이 중요하다. 이를 위해 교사의 필요를 반영한 연수 제공뿐 아니라, 참여 방식이나 결정 과정에서 교사 자발성을 존중하는 것이 도움 된다. 진정으로 교사의 공감 능력과 평화적 갈등 해결 역량을 갖출 수 있도록, 교직 문화 속에서 경험적으로 배울 수 있는 공감적이고 평화적인 교직 환경을 만드는 것이 가장 효과적이다.

둘째, 학생들과 만나는 시간 확보

안타까우면서도 어처구니없는 현실이 바로 학교에서 교사와 학생 간의 만남 시간을 확보하지 못한다는 현실이다. 회복적 생활교육을 실천하기 위해 반드시 전제가 되는 것이 학생과의 만남 시간인데, 교사는 수업 시간과 행정 업무 시간을 제외하면 학생과 차분하게 대화할 수 있는 시간이 현실적으로 턱없이 부족하다. 시간에 대한 압박은 회복적 생활교육 실천을 애초부터 시도하기 어렵게 한다. 교육은 시간을 필요로 하는 것인데, 현재 학교는 배움과 성장을 위한 시간을 허락하지 않는 시스템을 가지고 있다. 기다려주지 않는다. 회복적 생활교육을 가장 먼저 시행했던 고양의 ㄷ중학교의 경우, 시간 확보를 위해 수업 시간 활용을 허용하는 공동체의 동의가 있었다. 교육에 잃어버린 시간을 돌려주어야 한다. 성장과 배움의 시간적 여유를 주지 않는 현재의 학교 교육 구조에 대한 근본적 반성과 변화가 필요하다.

셋째, 공동체의 동의와 교육 과정 구축

회복적 생활교육에 대한 공동체의 이해 부족은 진행 과정에 어려움을 준다. 주변 동료 교사나 관리자로부터 오해를 사거나 압박도 다가온다. 기존의 생활지도 방식을 지속하려는 주변 동료 교사와 새로운 대안적 생활교육 방식을 시도하려는 교사 간의 갈등과 혼란이 발생할 수 있다. 또한 기존의 학교 시스템의 충돌도 새로운 생활교육의 도전을 불가능하게 한다. 회복적 생활교육은 공동체의 이해와 합의, 그리고 협력이 중요하다. 학교 공동체가 회복적 생활교육에 대한 이해를 가지고 회복적 시스템을 구축해야 한다. 학교 공동체가 갈등에 대해 어떻게 대응할 것인지에 대해 구체적으로 논의하고, 이를 위해 필요한 자원과 시간, 공간 확보를 위한 합의가 있어야 한다.

넷째, 평등하고 민주적인 교직 문화

평화로운 학교 문화를 위해 가장 먼저 변화가 필요한 것이 교직 문화다. 교사가 처한 교직 문화는 여전히 경직되어 있고 소통이 되지 않는 위계적·권위적인 구조이다. 지시 전달식의 교무회의는 교사 공동체의 협력을 이끌어 내지 못하게 하는 주범이다. 교사가 교직 구조에서 경험하지 못한 것을 학생과 나누기란 어려운 일이다. 교사들이 먼저 힘을 공정하게 나누고 합의를 통해 의사를 결정하는 민주적이고 평화적인 문화가 정착되어야 한다. 교직 문화가 바뀌면 학생들은 그런 교사 문화를 보고 배우면서 자연스럽게 따라오게 된다.

다섯째, 경쟁과 효율성보다는 협력과 상호 존중에 기반한 교육 구조

학생들 간의 경쟁은 배움을 왜곡시키고 배움의 기쁨을 앗아간다. 교육은 경쟁이 아닌, 협력적 구조를 갖춰야 한다. 효율성이 언제부터인가 교육의 핵심 가치 기준이 되어 왔다. '결과를 위해 무엇이 효율적인가?'가 아니라 '과정을 통해 학생들은 무엇을 배우는가?' 또는 '과정이 교육적인가?'에 초점을 두어야 한다. 협력은 지속 가능성을 위한 유일한 방법이다. 학생들에게 경쟁의 가치가 아닌 공동체가 함께 공존하기 위한 협력의 힘을 익히도록 해야 한다. 이를 위해서는 현재의 경쟁 중심의 교육 구조가 근본적으로 개선되어야 한다.

여섯째, 지역 사회와의 연결과 협력

과학이 발달할수록 이 세계는 독립적이고 고립적으로 존재하는 것이 아니라, 역동적이고 복잡한 구조를 지닌 체계적 시스템으로 존재한다는 사실이 드러나고 있다.

20세기 들어와서 물리학은 몇 가지 개념적 혁명을 겪었으며, 그 개념적 혁명은 기계론적 세계관에 명확한 한계가 있다는 것을 분명히 밝혀주고 있다. 유기적, 생태적 세계관으로 유도되는 이 세계관에 따르면, 우주는 이제 무수한 분리된 객체로 구성된 기계가 아니라 조화를 이루는 분할할 수 없는 전체인 것이다. 그것은 역동적인 관계의 그물이며, 그 그물 속에는 관찰하는 인간의 의식까지도 근본적으로 포함하고 있다고 한다.[1]

> 전체로서의 각 부분들이 늘 상호 관계를 유지하고 모든 움직임 하나하나, 모든 기능, 모든 에너지 교환에 있어 상호 작용으로 종속되어 있다.[2]

학교와 지역 사회 역시 마찬가지다. 학생의 삶은 가정과 학교, 지역 사회와의 역동적 관계의 그물 속에 있다. 온전한 교육은, 학교가 가정과 지역 사회와 연대할 때만이 가능해지는 것이다.

---

1   프리초프 카프라, 구윤서·이성범 옮김, 《새로운 과학과 문명의 전환》, 범양사, 2007, 62쪽.

2   게세코 폰 뤼프케, 박병화 옮김, 《두려움 없는 미래》, 프로네시스, 2010, 189쪽.

그래서 학교는 지역 사회와 상호 협력할 수 있는 구조를 만들기 위해 노력해야 한다. 고양시 ㄷ중학교의 경우, 지역 사회의 많은 인적·물적 자원을 학교 안으로 끌어들여서 학생들의 교육에 협력적 관계를 맺고 있다. 교내의 학부모 교육이 활성화되어 있고, 학부모들은 카페 운영을 통해 학생의 안전한 먹거리와 돌봄을 함께 담당하고 있다. 또한 학부모들이 회복적 서클의 진행자로 활동하면서 학생들 간에 발생하는 갈등을 평화적으로 해결하도록 지원하고 있다. 또한 대학생 멘토링이나 방과 후 교육이 지역 자원 봉사와 후원으로 진행되고 있다.

'한 아이를 키우기 위해서는 온 마을이 필요하다'는 아프리카 속담처럼, 학교는 학부모를 포함하여 지역의 인적 자원과 단체를 교육 공동체의 협력자로 세우고, 지역의 문화적·공간적 자원들과 연결하고 소통해야 할 필요가 있다.

호스피스의 역할과 산파 역할

회복적 생활교육은 우리에게 교육에 대한 다른 차원의 이해와 접근을 요구한다. 그래서 단순히 기술적인 변화만을 말하지 않으며, 한 개인의 변화뿐 아니라 교육의 구조적 변화도 함께 요구한다. 그래서 한 개인이 실천하기에는 힘겨운 과제로 보이기도 한다. 현재 우리의 학교 현장은 낡은 것도 작동하지 않지만, 새로운 것도 제대로 작동되지 않는 것이 현실이다. 이러한 점들은 한편으로는 조안나 메이시가 지적한 것과 같이 변혁의 시기에 나타나는 현상이기도 하다.

생태철학자인 조안나 메이시는 미래를 만들어 가는 변혁의 시기에는 세 단계를 거친다고 한다. "첫 번째는 위기를 맞은 낡은 옛 것을 떼어내는 과정이며, 세 번째는 새로운 것을 받아들이기 시작하는 것이다. 두 번째 그 사이의 국면, 즉 '이행의 시간'은 매우 긴장감이 넘친다. 이런 한계 영역에서는 낡은 것이 더 이상 작동하지 않으며, 새것은 아직 제대로 작동하지 않는다. 말하자면 어느 것도 작동되지 않는 불확실성의 국면이며 통제 불능의 국면이다. 또 우리가 확인할 수 있는 것처럼 낡은 세계상과 정체성이 해소되어버리는 국면이기도 하다."[3]

지금 우리는 교육을 이해하는 전통적인 방식에 대한 저항과 붕괴 직전에 와 있다. 바로 이러한 변혁의 흐름에 새로운 대안으로 회복적 생활교육이 등장하고 있는 이때, 교사는 이 긴장과 간극을 어떻게 극복해야 할까? 역시나 조안나 메이시에게 그 답을 얻는다면 "낡은 것에 대해서는 호스피스 봉사자 역할을, 새로운 것에 대해서는 산파 역할"을 해주어야 한다. 슬픔과 불안, 그리고 고통이 동반하는 긴장과 갈등의 상황 속에서 교사가 중심을 잡고 견뎌내기를 제안한다.

낡은 것에 대해 호스피스 역할, 새로운 것에 대해 산파 역할이란 무엇일까? 호스피스 봉사자는 생명이 다한 사람과 함께 애도하는 마음으로 죽음에 동참하는 사람이다. 나는 교사 연수를 다니면서 다양한 선생님들의 반응을 만날 수 있었다. 많은 교사들이 회복적 생활교육이라는 새로운 시선에 대해 호기심과 기대를 갖기도 했지만, 어떤 분들은 자신의 교직 생활과 생활지도에 대한 비난으로 여기면서 저항하고 분노하시

---

3   게세코 폰 뤼프케, 앞의 책, 182쪽.

는 분들도 있었다. 어떤 교사 연수 자리에서 "이제껏 내가 잘못 살았다는 말이요? 때려서라도 정신 차리게 해주어서 고맙다며 찾아오는 제자들이 있는데, 그럼 그건 뭐란 말이요!"라고 흥분된 반응을 보이신 선생님을 만난 적이 있다. 교직에서 오랫동안 최선을 다하신 모든 교사들의 노력과 진정성을 폄하하는 것이 아니다. 그동안의 많은 학생들은 교사들의 이러한 헌신과 사랑으로 많은 성장과 배움을 이루어왔다. 우리는 자칫 새로운 것에 대한 정당성을 확보하기 위해 마치 과거의 것이 모두 잘못됐다는 식으로 주장해서는 안 된다. 더 이상 작동되지 않는 것에 대해 함께 손을 잡고 울며 돌아보자는 것이다. 그리고 변화를 위한 용기를 서로에게 북돋아주어야 한다. 교사는 시대와 환경의 변화에 유연하게 대처할 필요가 있다는 것을 받아들이고 교육적 노력을 멈추어서는 안 될 것이다. 성장을 위한 고통스러운 성찰과 반성을 함께 끌어안는 자세가 요구된다.

다른 한편으로, 새로운 것에 대해서는 산파로서의 역할이 필요하다. 변혁의 시기에 새로운 대안들이 안정적으로 정착하고 성장하기 위해서는 많은 고통과 저항에 함께해야 한다. 산모의 고통 속에서 새로운 생명이 잉태되는 것과 같이, 고통을 부정하거나 회피하지 말고 직면하여 새로운 가능성과 희망으로 전환하자. 옛것도 작동되지 않고 새것도 작동되지 않는 이 고통의 간극에서 교사는 어떻게 호스피스 역할과 산파의 역할을 감당해 낼 수 있을까?

파커 파머는 어려움을 헤쳐 나가기 위해 네 가지 내적 토대가 필요하다고 말한다. 자신이 하는 일이 올바르다는 것을 확신할 수 있는 근거, 목표를 이루는 데 필요한 전략, 커뮤니티의 지속적인 지원, 혼자서도 당당하게 길을 갈 수 있는 내면의 힘이 그것이다.[4] 이러한 파머의 말에 비추어 회복적 실천가로서 교사에게 요구되는 내적 토대는 다음과 같다.

우선, 모든 영혼을 존중하는 태도다.

가장 중요한 것은 생명에 대한 경외, 존재에 대한 감사, 영혼의 존중이다. 나와 다른 생각을 가진 사람, 또는 적대적 관계에 있는 사람에게조차 존중하는 마음을 잃어서는 안 된다. 사람은 누구나 내면의 빛을 가지고 있다. 어떠한 상황에서도 우리가 그 내면의 빛에 집중한다면, 옳고 그름이나 선악의 이분법적 세계를 넘어 만나고 협력할 수 있는 힘을 얻게 된다. 비난과 폭력의 악순환에서 벗어나서, 평화와 사랑의 길로 전환할 수 있는 가장 효과적인 방법은 상대방에 대한 존중의 태도를 잃지 않는 것이다.

둘째, 다양한 가능성에 열려 있고, 결과를 통제하고자 하는 마음을 내려놓는다.

교사는 결과를 유도하기 위해 다른 사람을 통제하거나 억압하려는 의도를 내려놓아야 한다. 다양한 가능성에 대해 열려 있고, 이를 위한 진실한 대화와 소통이 가능한 공간을 창조하는 것이 필요하다.

집단의 다양성은 두 가지 측면에서 중요하다. 다양성은 우리가 미처 알지 못했을 수 있는 관점을 추가해 줄 뿐 아니라 집단 의사결정의 파괴

---

4   파커 파머, 윤규상 옮김, 《온전한 삶으로의 여행》, 해토, 2007, 227쪽.

적인 특성을 제거하거나, 최소한 약화시키는 데 기여한다.[5]

진정성이 있는 다수의 다양한 의견이 소통될 때, 권위 있는 한 사람에 의한 결정보다 더 나은 결정을 할 가능성이 크다는 것을 잊지 말자.

세 번째, 지지하는 공감 그룹을 만든다.

실패와 성공, 기쁨과 슬픔을 함께할 수 있는 지지 그룹이 있을 때, 지치지 않고 먼 길을 갈 수 있을 것이다. 실제로 현장에서 회복적 생활교육을 실천했던 많은 선생님들의 고백 속에서도, 포기하지 않고 지속할 수 있었던 것은 주기적으로 만나서 성공과 실패담을 나눌 수 있었던 공동체가 있었기 때문에 가능했다고 답했다. 희망과 두려움을 함께 나눌 수 있는 공동체는 고난 속에서도 견딜 힘을 주고, 회복적 실천을 지속 가능하게 해주었다.

마지막으로, 내면의 힘을 기른다.

지지해주고 공감해줄 공동체가 있으면 좋지만, 함께할 공동체가 없을 때는 혼자서도 당당하게 걸어갈 수 있는 내면의 힘이 필요하다. 회복적 실천가였던 현장 선생님들의 경험담 속에서 일관적으로 발견되는 사례 중 하나는, 시간이 갈수록 내면이 단단해졌고 단단해진 내면은 주변 상황을 이겨낼 힘이 되었다는 것이다. 회복적 실천을 어렵게 하는 주변

---

5 제임스 서로위키, 홍대윤·이창근 옮김, 《대중의 지혜》, 랜덤하우스중앙, 2005, 62쪽.

상황이 변한 것은 없지만, 내면의 힘은 주변의 소용돌이에 매몰되지 않으면서 자신을 평화와 존중의 자리에 머무를 수 있도록 해주었다는 것이다.

교사의 내면의 평화와 내면의 단단함은 주변 상황을 오히려 변화시키는 시작점이 된다. 개인의 평화가 세상의 평화의 토대가 되는 것이다.

에필로그

"나는 내가 할 수 있는 일을
할 뿐이야"

　　2014년 1월에 좋은교사운동과 한국평화교육훈련원(KOPI)이 연합하여 25년 넘게 회복적 정의를 실천해온 캐나다 벤쿠버 지역의 회복적 정의 단체들을 방문했다. 이제 막 회복적 실천의 첫발걸음을 떼기 시작한 우리로서는, 먼저 시작한 단체와 지역을 방문하여 배우는 것이 매우 의미 있는 일이었다.*

　　우리가 방문한 단체는 캐나다 벤쿠버에서 활동하고 있는 CJI(Community Justice Initiatives)와 ARJAA(Abbortsford restorative justice and advocacy association) 센터와 아보츠포드 경찰서, 그리고 학교들이었다. 그곳에서

---

*　캐나다 방문기의 자세한 내용은 좋은교사운동 www.goodteacher.org 또는 회복적생활교육연구회 http://cafe.daum.net/RD-goodteacher를 통해 관련된 자료를 다운받을 수 있다.

나누어준 많은 시행착오와 경험들은 우리에게 배움뿐 아니라 많은 용기
와 힘을 주었다.

　무엇보다 그들에게 배운 것은, 외롭고 힘든 좁은 길을 선택했지만 포
기하지 않았던 힘이었다. 캐나다의 원주민인 인디언들 사이에서 전해 내
려오는 '벌새 이야기'를 듣게 되었는데, 벌새의 이야기는 회복적 실천가
들의 모습을 그대로 담고 있었다.

숲에 큰 불이 났습니다. 곰도 사슴도 토끼도 모두 불을 피해 도망갔습
니다. 불에 다친 동물도 있었습니다. 그때 벌새 한 마리가 호수로 날아
가 입에 물을 한 모금 물고 불이 번지는 숲에 떨어뜨렸습니다. 큰 산불
에 비해 벌새의 물은 너무나 작은 것이었습니다. 하지만 벌새는 끊임
없이 최선을 다해 물을 날라 불을 끄기 위해 노력했습니다. 벌새를 지
켜보던 곰이 말했습니다.
"벌새야! 바보 같은 짓 그만해. 네가 입에 물고 간 물로는 아무것도 할
수 없어."
그때 벌새가 말했습니다.
"나는 내가 할 수 있는 일을 할 뿐이야."

　모두가 소용없다고 말할 때, 혼자의 힘이지만 포기하지 않고 내가 할
수 있는 최선의 일을 하는 힘. 그것이 회복적 실천가로서, 교사로서의 힘
이다. 이 짧은 이야기가 변혁의 시기에 낯선 회복적 실천의 길을 떠나는
분들께 힘이 되기를 바란다.

부 록

한국 회복적 정의 네트워크 단체

좋은교사운동과 '회복적 정의'의 만남은 2003년으로 거슬러 올라간다. '학교 내 갈등 해결과 평화 교육을 위한 평화 교육과 또래 중재 워크숍'을 진행하기 위해 방한한 미국 갈등 중재 전문가인 로버트 해리스를 〈월간 좋은교사〉에서 인터뷰해 그해 6월호에 실은 적이 있다. 그때 지금 한국평화교육훈련원(KOPI) 원장이신 이재영 선생님을 만나면서 좋은교사운동이 회복적 정의에 근거한 갈등 중재 훈련을 받아 학교에 기여하기를 바랐으나 여러 사정으로 실천하지 못해 왔다.

이후 2011년 10월, 좋은교사운동은 정책 토론회를 통해 현재의 학교 폭력을 포함하여 생활지도 위기에 따른 대안으로 회복적 정의에 근거한 '회복적 생활교육'을 정식으로 제안하게 된다. 2012년에는 박숙영 선생님이 좋은교사운동 상근 교사로 활동하면서 고양시의 덕양중학교와 협력하여 이를 학교 현장에 적용하는 실험을 진행하였다. 이때 KOPI 서정기, 비폭력평화물결 박성용, 마음으로대화하기 신호승, 한국회복적서클위원회 김점란, 한국NVC센터 이윤정, 박성일, 정지선, 김숙희, 고연선 활동가분들이 덕양중학교를 세우는 과정에 도움을 주셨다.

이후 좋은교사운동에서 진행한 회복적 실천가 훈련 과정은 비폭력평화물결의 박성용, KOPI의 이재영, 한국NVC센터의 캐서린 한 선생님의 도움과 조언을 통해 이루어졌다.

좋은교사운동의 회복적 생활교육은 평화 진영의 여러 NGO들의 협력 없이는 할 수 없었다. 이들과 현장 교사들의 협업이 방향을 찾도록 하였으며 결국 현장에 변화를 이뤄내고 있다. 현재 회복적 생활교육 분야에 기여하고 있는 단체들을 소개하면 다음과 같다.

비폭력평화물결(www.peacewave.net)

국제평화단체인 Nonviolent Peaceforce International(NPI)의 한국 회원단체이다. 비폭력 평화물결은 또한 자체적인 자율성과 정체성을 갖고 한반도 현실이 요청하는 대중적인 평화 사업과 활동들을 전개하고 있다. 다양한 비폭력 평화 교육·훈련 모델들을 진행하고 있다. 회복적 생활교육과 관련하여 HIPP(청소년 평화지킴이), RC(회복적 서클), RC에 기초한 또래 조정 훈련 과정, 서클 프로세스가 있으며, 그 외에도 AVP(삶을 변혁시키는 평화 훈련), 시민 활동가의 중심 세우기, 비폭력 실천과 영성 프로그램, 마음자리 인문학 등을 진행하고 있다.

좋은교사운동(www.goodteacher.org)

기독교사단체 연합 운동으로 다음 세대를 책임지고 국민에게 희망을 주는 교직 사회를 만들며 교육과 사회를 새롭게 한다는 목적으로 교사 실천 운동을 전개하고 있다. 학부모에게 편지 쓰기, 가정 방문, 일대일 결연, 수업 코칭, 회복적 생활교육, 좋은학교 만들기 등이 있고, 한국 교육 구조의 변화를 위한 교육 정책들을 제안하고 있다. 좋은교사운동에서 실천하고 있는 회복적 생활교육 관련 워크숍은 2박 3일 과정의 '회복적생활교육 입문'과 '회복적 서클'이 있으며, 1년 과정의 '회복적 실천가 과정'을 진행하고 있다.

(사)갈등해결과대화(https://crnd.or.kr/)

사단법인 갈등해결과대화는 2017년 7월, 평화여성회 갈등해결센터에서 그동안 수행해왔던 갈등과 갈등해결, (또래)조정, 대화, 진행, 회복적 정의 등 평화적 갈등해결에 관련한 사업의 영역과 활동을 계승하여 설립하였다. 주요 사업 내용으로 갈등해결교육 과정이 있으며, 개인과 집단 간의 갈등을 지원하는 조정, 피해와 손실을 회복하기 위한 회복적 정의 피·가해 대화 모임, 그룹 논의나 구성원 내에 이견을 다루는 시민단체 포럼 진행을 돕는 활동을 하고 있다.

한국비폭력대화센터(www.krnvc.org)

비폭력대화(NVC) 창시자인 마셜 로젠버그가 설립한 CNVC의 한국 지역 조직이다. 개인과 집단의 갈등을 평화로운 방법으로 해결하는 것을 돕고 모든 사람의 욕구가 평화롭게 존중되는 사회를 이루는 데 기여하고자 한다. 비폭력대화센터는 NVC를 널리 알리기 위한 교육과 홍보, 교육 자료 연구 개발, 갈등 예방과 평화로운 해결을 위한 활동, 개인과 집단 치유와 화해를 돕는 활동을 하고 있다. 교육 과정으로는 NVC 1, NVC 2, NVC 3, 스마일키퍼스, NVC 중재 과정, 지도자 과정(Life 과정), 인증 지도자 과정 등이 있다.

한국평화교육훈련원(www.kopi.or.kr)

한국평화교육훈련원(Korea Peacebuilding Institute, KOPI)은 평화 교육 및 훈련을 통해 갈등을 평화적이고 건설적인 변화로 이끌기 위한 민간 전문 교육 기관이다. 한국에서 가장 먼저 회복적 정의 운동을 시작한 단체로서 가해자 처벌만으로 이뤄지는 응보적 정의 패러다임의 한계를 극복하고 진정한 화해와 치유를 향한 회복적 정의 패러다임을 한국 사회에 소개하고 적용하는 프로그램을 개발해 왔다. 회복적 정의 실천가를 양성하고, 회복적 정의에 기반한 회복적 생활교육 워크숍 등 다양한 교육 프로그램을 진행하고 있으며, 이와 관련된 교육 도서를 출판하고 있다.